Helen Heinemann

Warum Stress glücklich macht

Helen Heinemann

WARUM STRESS GLÜCKLICH MACHT.

Oder: Wieso wir aufhören sollten zu entspannen

adeo

Inhalt

Prolog

Beißschienen

Ein beständiges Knirschen, Scheuern und Reiben. Die Geräusche dieser Nachtschicht sind kaum auszuhalten. Es herrscht Hochdruck – bei immensen Kräften: 800 Newton pro Quadratzentimeter sind da am Walten. Das ist der Wert, den die Kiefermuskeln im Zusammenspiel mit sämtlichen Schädelknochen als Kraft auf die Zähne umsetzen können. Doch nachts gibt es zwischen Ober- und Unterkiefer nichts, was den Druck auffangen könnte. Der Kieferraum steht unter Hochspannung – und macht sich selbst kaputt. Wangen- und Schläfenknochen gleich mit. In extremen Fällen mahlen Betroffene ihre Zähne bis aufs Zahnfleisch ab.

Gegen Bruxismus, so der medizinische Fachbegriff für das Zähneknirschen, gibt es zunächst nur eine wirksame Intervention: die Beißschiene. Ein individuell angepasstes Stück Kunststoff, das den Druck des Kiefers auffängt und so wenigstens die Zähne schützt. Seit Jahren diagnostizieren Ärzte immer öfter Bruxismus und verschreiben immer mehr Menschen Beißschienen.

Bruxismus ist nichts anderes als eine Form des Zähnezusammenbeißens. Nur eben nicht kurz, sondern chronisch. Nacht für Nacht. Wie da wohl erst die Tage aussehen müssen?

Kapitel 1

Ja, es ist ernst

Einfach mal die Seele baumeln lassen.
Gönnen Sie sich eine Auszeit.
Für ein Wochenende dem Alltag entfliehen.
Zurück zur Balance finden.
Was zählt ist das Hier und Jetzt.
Vollkommene Ruhe.
Entspannung finden in der Rushhour des Lebens.
In die Welt der Entspannung eintauchen.
Genussmomente in Wohlfühlatmosphäre.
Auszeit für Seele, Körper und Geist.
Ganz neue Energie tanken.
Die Oase für tiefe Ruhe.

Bingo!

Keine Sorge, ich will hier nicht mit den üblichen Phrasen und Satzschablonen starten und Ihnen damit das Blaue vom Himmel, schon gar nicht azurblaue Wellnessoasen versprechen. Dafür sorgen schon die Werbeblöcke im Fernsehen, großformatige Anzeigen zu Kosmetikprodukten und die Banner, die links und rechts auf den Nachrichtenseiten im Internet den Besucher zu Urlaubsangeboten locken wollen. Den Rest geben einem ohnehin die Plakatwände, neben denen man geduldig im

Berufsverkehr steht. Überall tauchen die Wortketten mit den Entspannung-Ruhe-Wohlfühl-Wellnessoasen-Vokabeln auf. Die obige Liste habe ich beim Blättern von zwei Ausgaben des *stern*-Magazins, dem Überfliegen von *Brigitte Woman* sowie jeweils einem Werbeblock im Radio und im Fernsehen erstellt. Und wenn Sie möchten – spielen Sie damit doch mal Bingo: Wenn Ihnen mindestens fünf der genannten Formulierungen an einem Tag begegnen, haben Sie gewonnen. Ich wette: Sie sind dabei immer auf der Gewinnerseite. Dasselbe Spiel können Sie auch mit ganz anderen Wendungen spielen. Nämlich mit sämtlichen Formulierungen wie Stress, Burnout, Arbeitsbelastung, Druck, ständige Erreichbarkeit, Hektik. Das Durchblättern einer Ausgabe von *Spiegel*, *Focus* oder *Stern*, das Stöbern auf drei Internet-Nachrichtenseiten und vielleicht eine Radiosendung, die während des Feierabendverkehrs läuft, reichen aus, damit sie jedem der genannten Begriffe mindestens einmal begegnen. Auch hier brauchen wir eigentlich nicht wetten – ich gebe Ihnen die Garantie: Sie werden gewinnen!

„Was hat Sie hierher geführt?"

Seit mehr als zehn Jahren begleite ich Menschen, die unter Stress leiden. Für spezielle Vorträge und Workshops komme ich in Unternehmen und Betriebe und arbeite mit den Menschen zum Thema Burnout-Prävention. Manchmal mehrere Tage verbringe ich dann – je nach Betrieb oder Einrichtung – mit Abteilungsleitern von Banken, Controllern, Betriebswirten, Industriemanagern, Pflegekräften aus Krankenhäusern, Finanzbeamten, Versicherungsangestellten oder Pädagogen aus sozialen Einrichtungen.

Alles Menschen, die unter Stress leiden. Und die zwei Dinge gemeinsam haben: eine akute Burnout-Gefahr durch ihre Belastung – und der Wunsch nach Gelassenheit und Entspannung.

Wer schon sehr erschöpft ist, kommt für fünf Tage in unsere individuell zugeschnittenen Intensivseminare, um außerhalb seiner Firma mit größerem Abstand Lösungen für seinen belasteten Alltag zu finden.

Die Statistiken der Krankenkassen zeigen: die Gruppe der Erschöpften, die mit einem sogenannten Burnout-Syndrom für längere Zeit „ausfällt", wächst.

Warum fühlen wir uns so ohnmächtig, wenn es um den Umgang mit Stress geht? Was passiert da eigentlich, wenn wir unter Stress leiden? Und warum hilft uns Entspannung in solchen Momenten nicht? Davon handelt dieses Buch.

„Was hat Sie hierher geführt?" Die Frage zu Beginn der Seminare fordert viele heraus – Schwächen beim Namen zu nennen ist nicht leicht. Schnell fällt als Antwort: *„Ich bin erschöpft"* oder *„Ich bin in letzter Zeit einfach nah am Wasser gebaut".* Ich frage dann immer nach, was das bedeutet und woran das für sie im Alltag sichtbar wird. Konkret beschreiben dies die Teilnehmenden dann meist so: chronische Erschöpfung und Müdigkeit, Schlafstörungen, Kopfschmerzen, Konzentrations- und Aufmerksamkeitsstörungen und eine körperliche und geistige Schwäche. Eine Schwäche, die ans Eingemachte geht. Der Abteilungsleiter eines mittelständischen Betriebs berichtete von einem Streit mit seiner Partnerin. Der Grund: Sie hatte am Abend zuvor den Familienwagen vor dem Haus abgestellt und den Rückwärtsgang eingelegt

gelassen. Er stellt das Auto immer so ab, dass der Vorwärtsgang drin ist. Eigentlich wollten sie an diesem Tag auf den Markt fahren, alle Zutaten für ein leckeres Chili einkaufen und mit der ganzen Familie kochen. Stattdessen gab es am Mittag Spiegelei und Brot. Denn nach dem hektischen Starten des Wagens beim Aufbruch endete die Fahrt nach fünfzig Zentimetern mit einem heftigen Krachen an der Motorhaube des Nachbarn, der hinter ihnen parkte. Der Samstag war geliefert. Rückwartsgang oder Vorwärtsgang. Nicht mehr – und nicht weniger. Als er die Geschichte erzählt hatte, konnte er kaum mehr aufhören: Es ist quasi alles im Argen. Den Kindern gegenüber sei er mehr und mehr verschlossen und teilnahmslos – sein fünfjähriger Sohn zeigt ihm voller Freude ein selbst gemaltes Bild und er kann nur nüchtern „toll" sagen und wendet sich teilnahmslos ab. Vor seinem Haus steht ein Audi A6 – sein Dienstwagen. Lange erhofft und hart erkämpft. Doch der Stolz und die Zufriedenheit im Beruf, aus der er früher so viel Kraft geschöpft hat, sind schon länger verflogen. Es sind die Fehler, die sich häufen und ihm heftig zu schaffen machen. In letzter Zeit sind ihm immer öfter richtige Aussetzer unterlaufen: eine E-Mail mit vertraulichen Informationen, die er an einen falschen Empfänger geschickt hat. An jemanden, der zwar ähnlich heißt wie sein eigentlicher Ansprechpartner beim Kunden – aber für die Konkurrenz arbeitet. Oder die außerordentliche Besprechung mit den anderen Abteilungsleitern, die er in der letzten Woche einfach im Kalender übersehen hat. Als der Chef ihn auf dem Handy erreichte, war er schon auf dem Heimweg. Und dann all die Kalkulationen und Abrechnungen voller Fehler, Zahlendreher und falscher Ergebnisse.

Er erkannte sich selbst nicht mehr wieder.

Leistungsfähige und selbstbewusste Menschen sind auf einmal mit Antriebslosigkeit und Wirkungslosigkeit konfrontiert. Sonst so souveräne Persönlichkeiten sind jetzt von Kleinigkeiten reizbar. Wo vorher Leidenschaft und Selbstbewusstsein den Takt angegeben haben, spüren die Menschen nun Schwäche und Fehlerhäufigkeit. Dinge, die sie so von sich überhaupt nicht kennen. Ich sage bewusst: Sie stehen neben sich. Denn das Selbstbild, mit dem sie bislang ihr Leben bestritten haben, ist ein völlig anderes. Sie möchten weiterhin etwas leisten und sich verwirklichen – und schaffen es nicht mehr. Anspruch und Wirklichkeit klaffen auseinander. Stress zermürbt Menschen. Zerreißt sie förmlich.

Aber es gibt ja für alles eine Lösung…

Jacuzzi-Spa-Wellness-Erholungsoase

Lichtanlagen für Schwimmbäder, CDs mit Urwaldgeräuschen, Klangschalen, die bis in die Tiefen meiner Zellen schwingen. Salzkristalltäfelungen, Regenwaldduschen, Wasserbetten, Duftbäder, Spezialmassagen. Dämpfe, Heilgrotten, Eisräume. Überhaupt alles, was man mit Wasser anstellen kann. Dazu kommen Hot-Stone- und Klangschalen-Massagen sowie Infrarotlampen in jeglicher Form.

Ich schlendere über die Messe *interbad*. Im Rahmen eines Kongresses habe ich einen Vortrag zum Thema Burnout-Prävention gehalten. Und mir den Nachmittag für einen Bummel zu den Ständen der Aussteller reserviert. Alle zwei Jahre verwandelt sich diese Messe Stuttgart in einen einzigen großen Wellness-Tempel. Im Jahr 2014 haben 444 Aussteller den 15 000 Besuchern aus 64 Ländern ihre Produkte und Ideen gezeigt, wie Entspannung möglich ist. Und welche

Geschäftsmodelle daraus erwachsen. Die Messe vernetzt die Branche – und verleiht Preise. Mit einem selbst ernannten „Oscar der Spa-Branche" kürten die Veranstalter alle zwei Jahre wegweisende Ideen und Produkte, selbstverständlich in einzelnen Kategorien wie etwa *Beauty/Wellness, Kulinarik/Wellness* oder *Super-Spa-Destination.*

Wenn Sie sich jetzt wundern: Das ist kein Witz. Und Sie können sich selbst überzeugen: Für 55 Euro erhalten Sie eine Dauerkarte. Was ein Stand auf der Messe kostet, können Sie sich ausmalen. Aber es scheint sich für Aussteller und Fachbesucher zu lohnen.

Die Sehnsucht nach Wellness und das dazugehörige Entspannungsversprechen haben eine eigene Branche hervorgebracht. Der Wirtschaftsbereich Wellness hat es im Jahr 2005 bereits auf stolze 85 Milliarden Euro Umsatz gebracht. Im Jahr 2012 waren es 105 Milliarden Euro. Das ist eine Steigerung von knapp 20 Prozent innerhalb von sieben Jahren.

Früher war ein Schwimmbad ein Schwimmbad: ein Becken für Schwimmer, ein Becken für Nichtschwimmer. Und vielleicht noch ein Bereich für Eltern mit Kleinkindern. Meine Kinder haben noch in einem 25-Meter-Becken Schwimmen gelernt, in dem eine Kordel mit weiß-roten Schwimmkörpern Nichtschwimmer und Schwimmer getrennt hat. Das Geschäftsmodell hat über Jahrzehnte erfolgreich funktioniert und jede Kommune konnte ein Freibad oder Hallenbad betreiben. Heute wäre ein einfaches Schwimmbad eine Bankrottgarantie.

Jacuzzi, Spa, Hot Stone. Das sind Wörter, die der *Duden* gerade in seiner neuesten Auflage aufnehmen musste. Und Angebote, die jedes neu gebaute oder renovierte Schwimmbad und Hotel heute in seinem Portfolio vorweisen muss. Whirlpools mit verschiedenen Strömungsmodi; ein eigener Wellness-Bereich, in dem man über Tage zur Ruhe kommen

und eine meditative Ausgeglichenheit finden kann; und krea-
tive Massageangebote, bei denen der Körper wahlweise mit
Klangschalen, warmen Steinen, Heu oder Schokolade behandelt wird. Alles zu einem Ziel: Entspannung. Denn das ist der
Wert, der damit verkauft wird.

Eine Auszeit aus der Betriebsamkeit des Alltags. Abschalten. Die Seele baumeln lassen. Endlich raus aus dem ganzen
Wahnsinn und der Geschäftigkeit! Das Ganze darf etwas kosten. Bis zu vierstelligen Summen rufen die Wellness-Hotels
für Ihre Wochenendangebote auf.

Mir ist wichtig: Ich will hier nicht eine Branche oder Geschäftsmodelle an den Pranger stellen. Die haben durchaus
eine Berechtigung. Denn ihre Existenz und ihr Erfolg besteht
ja nicht darin, dass sie sich den Menschen aufdrängen. Sie
reagieren auf eine große Nachfrage.

*„Jetzt wird wieder in die Hände gespuckt, wir steigern das
Bruttosozialprodukt!"* – der Song brachte der Band *Geier Sturz-
flug* 1982 einen Nummer-eins-Erfolg ein und porträtierte zugleich das Lebensgefühl eines ganzes Jahrzehnts: Leistung.
Eine Woche in einer Therme verbringen, mit Massagen, Medi-
tationssitzungen und Duftanwendungen? Damals undenkbar.

Ich erinnere mich oft an den Garten meiner Mutter: Rha-
barber schneiden, den Kompost umschichten, Bohnenstan-
gen aufbauen oder abbauen. Irgendwas war immer zu tun.
Und natürlich, auch eine Bank und andere Sitzgelegenheiten
hatte sie für ihr kleines Reich beschafft. Allerdings habe ich
sie darauf nie sitzen gesehen. Gammeln, Nichtstun, Muße-
stunden? Fehlanzeige.

Innerhalb von dreißig Jahren hat sich in unserer Gesellschaft ein neuer Wert etabliert: Entspannung. Wie ein Gegenpol zur Welt der Überforderung wird er gehandelt und

verspricht uns die heile Welt: Wenn ich entspannt bin, bin ich ganz bei mir. Dann geht es mir gut. Entspannung: Das ist der Gegenspieler zu allem, was Stress macht, was mich aus dem Gleichgewicht bringt und mir das Leben schwer macht. Keine Frage, ein sehr erstrebenswertes Gut.

Was den Umgang mit der Entspannung so leicht macht: Die Lager sind klar verteilt. Zum einen gibt es da den Job, der mir so zu schaffen macht. Irrwitzig hohe Aufgabeberge, die zunehmende Schnelligkeit der Kommunikation und die ständige Erreichbarkeit – wie Drillinge treten diese Zuschreibungen auf, wenn die Presse oder der Talkmaster das übliche, düstere Bild der Arbeitswelt zeichnet. Zum anderen gibt es da die guten, schönen und entspannenden Dinge, die mir das Leben lebenswert machen. Menschen in meditativer Yoga-Haltung, der adrenalinerfüllte Mountainbiker oder die fröhliche Runde um einen Kugelgrill: So inszenieren Magazine die Welt der Freizeit. Ganz bei sich, ganz bei den Freunden, ganz im Hier und Jetzt.

Ein kurzer Bummel in eine der üblichen Großbuchhandlungen in einer ganz normalen deutschen Innenstadt. Der Blick fällt ins Regal mit der Aufschrift „Lebenshilfe" (gerne hätte ich Ihnen die erste Titelformulierung erspart): „Fuck it! Loslassen, Entspannen, Glücklich sein" oder „Das kleine Lachyoga-Buch. Mit Lach-Übungen zu Glück und Entspannung".

Mir fällt dabei auf, dass Glück und Entspannung inzwischen zusammengewachsen sind. Ist man entspannt, ist man glücklich.

Das, was uns einst Ruhe und eine körperliche Auszeit schenken sollte, verkaufen Buchverlage, Hotels und Aromabad-Produzenten inzwischen als Antwort auf die große Frage des Lebens: Was erfüllt mich und macht mich glücklich?

Einfach mal dem Alltag entfliehen. So für 48 Stunden. Vielleicht auch nur mal für 36. Und schon ist man da: beim unbeschwerten Leben. Ganz bei sich. So einfach geht das! Entspannung kann zwar nicht aus Blei Gold machen. Aber offenbar aus einem unerfüllten Menschen einen wahren Glückspilz. Ich bin da skeptisch. Denn nach dem Paradies und flächendeckend glücklichen Menschen sieht es in unserer Gesellschaft leider nicht aus.

Eigentlich könnte es ganz leicht sein

Der Traum vom Häuschen im Grünen hat sich für viele erfüllt: Deutschlands Wirtschaft ist seit Jahrzehnten vergleichsweise stabil, die Arbeitslosigkeit stagniert, die Zinsen für Kredite sind niedrig. Auch Menschen mit kleinen oder mittleren Einkommen leisteten sich die eigenen vier Wände, ohne dass es zu einer Immobilien- und Bankenkrise, wie in den USA gekommen wäre. Dafür haben wir eine Verkehrskrise. Und Stress.

Im Grünen wohnen und in der City arbeiten – dieser Wunsch hat zu hohem Landschaftsverbrauch und hässlicher Zersiedelung geführt. Er beschert Millionen Berufspendlern bis zu eineinhalb, zwei Stunden Fahrzeit pro Tag. Wobei Fahrzeit noch freundlich ausgedrückt ist: Man steht im Stau und – ärgert sich. „Wir arbeiten immer länger außer Haus, um uns Behausungen zu leisten, in denen wir uns immer kürzer aufhalten" lautet der dazugehörige Kalauer, den ich neulich las. Abends geht es wieder zurück in die Stadt, denn dort locken die Restaurants, die Kinos und Kulturangebote.

Für manche Berufstätige, gerade dann, wenn die Kinder in absehbarer Zeit aus dem Haus sind, stellt sich folgende Grundsatzfrage: Wie teuer kommt uns das Haus im Grünen, wenn man die Kosten des Arbeitsweges, die gesundheitliche Belastung und den täglichen Verlust an Lebensqualität dazurechnet? Und – wäre möglicherweise eine kleinere, näher am Arbeitsplatz gelegene Stadtwohnung nicht ebenso erschwinglich? Würde eine Gartenlaube am Stadtrand oder eine kleine Ferienwohnung auf dem Lande den Wunsch nach Wochenenden im Grünen ebenso gut erfüllen?

Eine Studie der Bundespsychotherapeutenkammer zeigt: 75 000 Menschen sind im Jahr 2013 wegen psychischer Erkrankungen in Frührente gegangen, das sind 25 000 Menschen mehr als vor zehn Jahren. Es mag sein, dass sich hinter dieser enormen Zunahme eine Diagnosewelle verbirgt, dass also Ärzte schneller eine psychische Verfassung als Krankheit einstufen, die wenige Jahre zuvor lediglich als vorübergehende Schwäche eingestuft wurde. Unabhängig davon wird jedoch klar: Besser geht es den Menschen heutzutage nicht mit dem Stress.

Die Stressstudie, die die Techniker Krankenkasse im Herbst 2013 veröffentlicht hat, spricht ebenfalls deutliche Worte: Nahezu sechs von zehn Deutschen stufen ihr Leben als stressig ein. Mehr als die Hälfte der Bevölkerung empfindet ihren Alltag als stressig. Jeder Fünfte steht sogar unter Dauerdruck. Offenbar nimmt die Entwicklung noch zusätzlich an Geschwindigkeit zu: Mehr als jeder Zweite hat das Gefühl, dass sein Leben in den letzten drei Jahren stressiger geworden ist. Besonders betroffen ist die Generation der Mittdreißiger bis -vierziger – im Spagat zwischen Kind und Karriere und nicht zuletzt den eigenen Eltern, die auf Sicht mehr Hilfe brauchen, weil wir alle immer älter werden. Dr. Jens Baas,

Vorstandvorsitzender der Techniker Krankenkasse, unterstreicht die alarmierende Tatsache, dass sich bereits 40 Prozent der Berufstätigen abgearbeitet fühlen, jeder dritte sogar ausgebrannt.

Was sich hier in Zahlen ausdrückt, zeigt sich in Form von abgehetzten Müttern, die nach einem „Halbtagsjob" nach 13 Uhr wieder einmal zu spät im Kindergarten auflaufen und von genervten Erzieherinnen ihr Kind entgegennehmen. In Form von genervten Mitarbeitern, die ihre Zeit in Besprechungen absitzen müssen, in denen letztlich dann doch nur oberflächliche Ergebnisse erzielt werden, weil keiner richtig vorbereitet ist – „aus Zeitmangel". In Form des täglichen E-Mail-Sturms, in denen Informationen ausgetauscht werden aber kaum Entscheidungen fallen. In Form von regelmäßigen Anpassungen der Firmen-Organigramme, die für die tägliche Arbeit wenig Bedeutung haben. In Form von Partnerschaften, in denen die gemeinsame Zeit nur noch aus der Organisation von Kinderbetreuung und Ferienfreizeit besteht.

Keine Frage: Entspannung ist da herzlich willkommen.

Es sind zwei Pole, die in den letzten Jahren immer stärker und deutlicher wurden: Auf der einen Seite der Stress, der uns allen so zu schaffen macht. Und auf der anderen Seite die Möglichkeit zur Ruhe und Entspannung. Die Eigenart von Polen ist ja, dass sie sich gegenseitig aufheben. Plus und Minus zusammengezählt ergibt null. Auf Stress und Entspannung übertragen: Dann lebt der Mensch und die Gesellschaft in der goldenen Mitte. Dort wo Ausgeglichenheit herrscht und alles irgendwie gut wird. Wenn das bei Stress und Entspannung so leicht wäre!

Körperverletzung

„Da können wir ja eine Telefonkonferenz einrichten!" Eine
Teilnehmerin brachte es auf den Punkt und ich hätte fast ge-
schmunzelt, wenn es nicht so ernst gewesen wäre.

Fester Bestandteil meiner Seminare zum Thema Burnout
ist eine Tageslaufanalyse. Die Teilnehmer machen sich typische Stationen in ihrem Alltag bewusst und halten sie in einer
Tabelle fest. 24 Stunden sind dort vermerkt. Der Wecker klingelt in der Regel bei fast allen um sechs Uhr, dann unter die
Dusche. Bei Familien folgt anschließend das, was ich als „Familienarbeit" bezeichne: Frühstückstisch decken, sich selbst
und die Kinder anziehen und den Schulranzen überprüfen,
ob auch das Mathe-Buch dabei ist. Dann der Weg zur Arbeit.
Stop-and-go auf der Schnellstraße. U-Bahn-Türen auf und zu.
Schließlich die Zeit im Beruf. Meetings, E-Mails, Kundenkon-
takte, Telefonate, Treffen. Dann der Rückweg. Vielleicht auch
noch die Kleinen am Kindergarten oder bei der Tagesmutter
abholen. Wieder die Familienarbeit. Abendessen, Zähneputzen, die Kinder ins Bett bringen.

Fast alle Teilnehmer sagen, dass sie am Abend einfach todmüde sind. An soziale Kontakte, und sei es nur ein Telefonat
mit einem Freund, ist nicht zu denken. Der Brief, den man
der Studienfreundin zum Geburtstag schreiben wollte, wird
mangels Antrieb auf eine Gratulations-SMS eingedampft.
Der Film, der nur noch in dieser Woche im Kino läuft? Geht
einfach nicht, keine Energie dafür, die Betrachtung wird auf
einen DVD-Abend in einigen Monaten verschoben. Eigentlich
müsste der Schlaf jetzt kommen. Aber der schaut nur kurz vorbei. Viele Teilnehmer meiner Kurse berichten davon, dass sie
erschöpft am Abend auf der Couch wegdösen. Vielleicht schlafen sie später im Bett ein wenig weiter. Und sind dann morgens

um drei Uhr wach. Nicht nur dösig wach. Sondern richtig. Sie bekommen die Bilder des Tages nicht los. Das heißt, sie arbeiten an den Projekten und Aufgaben des Tages nachts weiter. Da geht die Pflegefachkraft alles noch einmal in Gedanken durch: Was könnte dem Patienten helfen, bei dem das normale Medikament nicht anschlägt? Wie stellen wir am besten den Urlaubsplan zusammen? Das reicht einfach hinten und vorne nicht. Wir müssten mindestens eine Person mehr sein, damit wir das hinbekommen. Habe ich Frau Reichert gestern Abend die Tabletten noch auf den Nachttisch gestellt oder nicht?

Die Bilder wechseln. Nebenan träumt ihr Mann von seinem Alltag als Bauingenieur: Reichen die im Plan angelegten T-Träger aus oder soll ich die Statik noch einmal ganz neu aufrollen?

Die Gedanken springen, begleitet vom Konzert der Zähne, die vom Druck der Kiefer zerknirscht werden. Die Nacht gehört nicht dem Schlaf. Sondern den Schlafstörungen.

„Da können wir uns ja eine Telefonkonferenz einrichten!" Als der Gruppe bewusst wurde, dass sie praktisch alle nachts fast zur gleichen Zeit auf Trab sind, kam es zu diesem Satz. Und Sie werden lachen: Bügeln wird unter meinen Seminarteilnehmern für solche Situationen als Geheimtipp gehandelt. Ein Dampfbügeleisen und ein Kleiderbügel aus Holz machen so gut wie keine Geräusche und stören weder die Nachbarn noch den Partner oder die Familie. Und irgendwie hat die Schlaflosigkeit dann auch ihr Gutes.

Aber egal ob nächtlich gebügelte Hemden oder nicht: Der Preis für solche Nachtschichten ist hoch.

Der Schlaf ist dazu da, dem Körper die Ruhe zu geben, die er braucht, um neu zu Kräften zu kommen. Und es ist die Zeit, in der auch der Geist auftankt und es ihm wieder möglich wird, klar und konzentriert zu handeln. Bei Stressgeplagten stellt sich eine merkwürdige Konstellation ein: Sie sind hundemüde – und können dennoch nicht schlafen. Das versperrt ihnen jeden Weg, wirklich wieder zu Kräften zu kommen. Gut, irgendwie kommt man schon durch den nächsten Tag, aber am Abend kommt es dann wieder zum selben Spiel: eine starke Müdigkeit, die dann von Schlaflosigkeit abgelöst wird. Das Ergebnis: eine prekäre Mischung aus Dauermüdigkeit und Dauerwachheit.

Geistige und körperliche Kräfte werden beansprucht – aber nie richtig aufgefüllt: Das ist wie wenn ich ein Auto fahre, bei dem der Tankeinfüllstutzen seit einiger Zeit verstopft ist. Und bei dem obendrein noch die Lichtmaschine defekt ist. Energie wird verbraucht. Mehr und mehr nähern wir uns der Reserve. Das Ende kommt von alleine. Unweigerlich.

Burnout. Das ist der Zustand, in dem sich der Einzelne befindet, wenn er selbst nicht mehr auf seine eigenen Kräfte zurückgreifen kann. Die Erschöpfung wird chronisch. Es fehlt die Fähigkeit, sich selbst wieder auf die Beine zu stellen. Es ist ein psychosomatischer Erschöpfungszustand. Psychisch erleben sich Menschen, die in dieser Spirale gefangen sind, als unkonzentriert, als leicht störbar und arg reizanfällig – und zugleich antriebslos. Körperlich ermattet, schlaff und lustlos. Auf jeden Fall alles andere als glücklich.

Was sich hier also zeigt: Entspannung mal einfach so – das führt nicht zu einer Besserung. Denn derjenige, der wirklich unter Stress leidet, kann nicht mehr aus eigenen Stücken zu Kräften kommen. Mehr Pausen oder längere Schlafzeiten, einfach früher ins Bett gehen? Das sind keine Mittel, um die lähmende Müdigkeit auszutauschen gegen Tatkraft und Lebensfreude. Entspannung ist nicht einfach der Gegenpol zu Stress. Die Verhältnisse sind offenbar komplizierter als gedacht.

Der unsichtbare Feind

In vielen TV-Werbespots sind Kinder süße kleine Racker, die Mütter gut aussehend, die Männer sanft, die Küchen blitzblank – in der Realität sind es bockige kleine Anarchisten, findet sie sich trutschig, ist ihr Mann unsensibel und die Küche ein Chaos. Die Handlungsstränge sind zwar in sich noch konsequent, werden aber dauernd unterbrochen oder mit vier, fünf anderen Arbeitsabfolgen verknüpft. Die Wäsche anschalten, Claus anrufen, die Kleine beim Kindergeburtstag abholen, schnell noch das Abendessen einkaufen – am besten alles gleichzeitig. Denn die Zeit drängt. Alles längst zu spät! Es gibt Unübersichtlichkeit statt „Flow" und mehr Geld, Beförderung oder Urlaub gibt es auch nicht. Daraus kann im schlechtesten Fall resultieren, dass die Familienfrau mit Berufserfahrung ihrem berufstätigen Mann am Abend vorwirft, er habe – im Vergleich zu ihr! – heute ja eine ruhige Kugel im Büro geschoben. Vor hundert Jahren in Bauernfamilien und Handwerker-Ehen, als der Mann in Sichtweite des Küchenfensters den Acker pflügte oder der Schreiner seine Werkstatt quer über den Hof hatte, konnten die Frauen den Berufsstress ihrer Männer gut nachvollziehen oder im Zweifelsfall direkt miterleben. Heute, in der Kommunikations- und Dienstleistungsgesellschaft, sitzen fast alle – egal wie ihr Beruf heißt – vor Bildschirmen, an Telefonen, in Meetings. Die tatsächliche *Tätigkeit* und die Beanspruchung, die der Einzelne dadurch erlebt, ist von außen nicht mehr nachvollziehbar.

Stress hat etwas mit Schmerzen gemeinsam: Er ist von außen nicht sichtbar, sondern nur von dem, der ihn spürt, erlebbar. Das macht es allen Beteiligten so schwer. Arbeitgeber bzw. Personalchefs können nur mutmaßen, wie es um ihre

Angestellten bestellt ist. Betriebsräte gehen auf Nummer sicher und nehmen die Arbeitsbelastung-zu-hoch-Position ein. Die Teammitglieder belasten die verlässliche und engagierte Kollegin immer mehr, weil die ja noch Ressourcen zu haben scheint. Und der berufstätige Mann schätzt die Situation mit den beiden kleinen Kindern zu Hause ganz anders ein, als es seine Frau erlebt. Er ahnt nicht, dass sie nach einem Tag mit ausgedrückter Zahnpastatube im Kinderzimmer, ausgefallenem Mittagsschlaf, zwei heruntergefallenen Gurkengläsern, einem Kinderarztbesuch mit Impfen und den vermeintlich unbeschwerten Stunden am Schlittenhang längst am Ende ihrer Kräfte ist. Und das jetzt, wo er sich so auf den gemeinsamen Abend gefreut hat!

Einen einfachen Nenner für Stress gibt es nicht. Jeder erlebt ihn anders. Und doch preist uns eine ganze Industrie Entspannung als Königsweg an: „Entflieh doch mal dem Alltag!" Die Medien sorgen dafür, jeder weiß, was mit „Alltag" eigentlich gemeint ist: Natürlich der Beruf. Job = böse. Freizeit = gut. Entspannung = Glück. Ich bin immer skeptisch, wenn mir einfache Lösungen angeboten werden, die für jedes Problem gut sein sollen. Und erst recht für jeden Einzelnen.

Alle für einen, einer für alle. Bei den Musketieren klappt das vielleicht. Bei der Frage, was Menschen wirklich erfüllt, geht das nicht auf. Spätestens dann, wenn man schaut, was den Menschen ihr Beruf *wirklich* bedeutet.

Das Glück im E-Mail-Postfach

Der Trick ist ganz leicht: Mit einem Doppelklick auf die Uhrzeit gelangt man in das Dialogfenster, über das sich die Rechnerzeit verstellen lässt. Ein paar Stunden zurück- oder vorgestellt und schon trägt die verschickte E-Mail die passende Versendezeit. Alternativ lassen sich die E-Mails auch alle vorab schreiben, im Ordner „Entwürfe" speichern und dann am Montag früh gleich in einem Rutsch verschicken. Niemand soll merken, dass man am Wochenende arbeitet. Oder werktags nach 21 Uhr noch einmal den Laptop hochfährt, um das Liegengebliebene des Tages abzuschließen.

Ein beliebtes Thema bei meinen Seminaren ist die Frage, wann gearbeitet wird. Die Teilnehmer tauschen sich in den Pausenzeiten aus. Es geht gar nicht darum, sich in irgendeiner Form aufzuspielen oder mit Überstunden zu glänzen. Nein, die Leute haben einfach Interesse aneinander. Was dabei fast immer zutage kommt: Fast alle arbeiten am Sonntagabend. Vor allem Männer. Sie bereiten schon mal eine Präsentation vor, senden die Antwort auf die Kundenanfrage, die am Freitagnachmittag reinkam oder ordnen noch einmal in Ruhe den Terminkalender. In das Firmennetzwerk und in die E-Mails kann man sich von überall aus einloggen. Und zu jeder Zeit. Eine Teamleiterin aus einem Textilunternehmen erzählte mir einmal, dass sie Donnerstagabend um 23.30 Uhr eine E-Mail an ihren Vorgesetzten geschrieben hat und um 23.40 Uhr die Antwort im Postfach aufblinkte.

Die Teilnehmer berichten von diesen Arbeitseinheiten spät nachts oder am Wochenende und dass sie mit einem schlechten Gewissen vor dem Rechner sitzen: Eigentlich soll niemand erfahren, dass sie jetzt noch arbeiten. Denn was denkt der Chef über seinen Mitarbeiter, der jetzt gerade arbeitet: Ist der vielleicht überlastet? Und dem Kollegen, der seinen Feierabend genießt, möchte auch niemand ein schlechtes Gewissen bereiten. Deshalb auch der Trick mit der verstellten Uhrzeit oder den E-Mails im Entwürfe-Ordner.

Es wäre jetzt ein Leichtes zu sagen, dass Menschen mit ihrer Arbeit völlig überlastet sind und keinen anderen Weg kennen, als jenseits der normalen Arbeitszeiten zu arbeiten. Angestellte in Deutschland haben, je nach Branche und Tarifvertrag, eine 35-, 37,5- oder 40-Stunden-Woche. Alles, was darüber hinausgeht, sind Überstunden. Und einfach nicht gut für den Einzelnen. So die gängige Meinung.

Ich weiß, es ist ein zweischneidiges Schwert. Ich begegne oft Angestellten, die unter ihrem Job leiden, weil sie dort heillos mit Aufgaben überlastet sind. In einer Versicherung bin ich einmal mit einer Abteilung in Kontakt gekommen, in der über Monate hinweg vier offene Stellen nicht besetzt waren. Die lang angekündigte Software-Umstellung sollte bereits vor zwölf Monaten erfolgen und der tägliche Betrieb ging praktisch nur im Überlebensmodus voran. Schaffen was geht. Die ganze Abteilung stand kurz vor dem Kollaps. Das ist schlimm und muss geändert werden.

Ich sehe aber auch die andere Seite. Vielleicht lehne ich mich hier zu weit aus dem Fenster, aber wenn Teilnehmende von ihren Arbeiten am Abend oder am Wochenende erzählen, geht es mir oft erst einmal so, dass ich die Menschen bewundere: Da sind Frauen und Männer hoch engagiert und ganz mit ihrer Arbeit identifiziert. Neben Familie, Arbeitsweg und ehrenamtlichem Engagement sorgen sie dafür, dass ihre Aufgaben nicht liegen bleiben und sie ihrer Verantwortung nachkommen. Wahnsinn, woher die die Kraft nehmen!

Ich frage die Einzelnen dann immer, warum sie das tun. Und nie habe ich von jemandem die Antwort bekommen, dass er sich gezwungen fühlt oder dass er Angst um seinen Job hat. Die Menschen legen die Extraschichten ein, um sich etwas Gutes zu tun! Sie machen das in der Absicht, sich selbst zu entlasten. Sie machen es nicht einmal, um Karriere zu machen. Sie wollen wirklich etwas Gutes. Für ihre Arbeit, für ihre Kollegen. Und für sich.

Ja, es ist ernst. Stress macht den Einzelnen fertig. Der Körper brennt aus und hat keine Möglichkeit mehr zum Auftanken. Und Konzentrationsschwäche, Fehleranfälligkeit und emotionale Reizbarkeit werfen ihn geistig aus der Bahn. Aber gerade *weil* es so schlimm ist, sollten wir uns nicht mit simplen Lösungen begnügen.

Es ist mir zu einfach zu sagen: Der Job ist daran schuld, wenn Menschen unter Stress leiden und in ein Burnout rutschen. Und es ist mir zu einfach zu erwarten, dass Achtsamkeit und Entspannung oder die richtig angewandten Meditationstechniken alles richten können.

Das Thema Stress und das Leiden der vielen Menschen, die ich inzwischen begleitet habe, sind mir wichtig – und es ist zu ernst, als dass ich mich mit einfachen Lösungen abgebe. Ich glaube nicht daran, dass Stress das Gegenteil von Glück ist. So einfach ist es leider nicht.

Kapitel 2

Die Work-Life-Blamage

Gleich zu Beginn des Seminars ist die Frau mir als selbstbewusste und sichere Erscheinung aufgefallen: Die feine Jeans und der moderne Blazer zeugen von Geschmack, souverän kam sie in den Tagungsraum und entschied sich ohne Zögern für einen Platz ganz vorne.

Nur ein wenig später kann und möchte sie die Tränen nicht zurückhalten. Eigentlich ist sie verzweifelt.

Die Frau leitet die Controlling-Abteilung eines Reifenherstellers und erzählt nun, dass sie allein in den letzten zwei Jahren zwei Zeitmanagement-Kurse und ein Achtsamkeits-Stressreduktions-Training absolviert hat. Die Personalabteilung schlug ihr das vor, weil sie unter Stress litt und merkte, wie ihre berufliche Motivation sank. Zudem machte ihr der Verantwortungsdruck bei ihren Aufgaben mehr und mehr zu schaffen: selbst im Kino am Samstagabend dachte sie an die Zahlen. Immer wieder versicherte sie sich selbst, dass die Statistiken und Bilanzen stimmen mussten. Sie hatte alles mehrfach kontrolliert und keine Fehler entdeckt. Und doch nagte immer wieder der Zweifel an ihr. Hatte sie wirklich alles richtig gemacht oder lauerte irgendwo in den Tiefen des Systems ein gravierender Fehler. Etwas, das nicht zu entschuldigen war.

Nach jedem der Workshops kam sie fokussiert und motiviert zurück und setzte das jeweils vorgeschlagene Zeitmanagement-System in ihrem Kalender um. Pufferzeiten einplanen, Termine halbstündig machen, Besprechungen möglichst am Vormittag etc. Eine Software unterstützte sie dabei. Alles klappte und der auf diese Weise besser strukturierte Tagesablauf tat ihr gut. Stolz berichtet sie, dass sie sogar einmal an einem Freitag bereits um 16 Uhr die Firma verlassen konnte – um endlich mal wieder mit einer Freundin bummeln zu gehen.

Allerdings hielt die Verbesserung nie länger als vier Wochen. Dann waren der Stress und die Unsicherheit im Alltag wieder da. Einmal zwang sie ein längerer krankheitsbedingter Ausfall von zwei Mitarbeitern ihrer Abteilung zur Mehrarbeit und warf ihre Planung über den Haufen. Ein anderes Mal führten eine interne Umstrukturierung und ein neues Organigramm mit verändertem Aufgabenbereich zur Mehrarbeit. Doch egal wie klar und einleuchtend die Erklärungen auch waren: Der Druck lastete bleischwer auf ihr und ging nicht weg. Ebenso der Stress, durch den sie kaum mehr Schlaf fand.

Stress, Schlaflosigkeit, Panikattacken. Die fiesen alten Bekannten waren wieder in ihr Leben getreten. Und sie hatten noch einen neuen Peiniger mitgebracht: das Gefühl, versagt zu haben.

Kleine Helfer

Die Methoden und Konzepte, die einen guten Umgang mit Stress und Arbeitsbelastung versprechen, sie sind unzählbar. Und Jahr für Jahr kommen neue Ansätze, Zauberformeln oder Erfolgsprinzipien dazu. Es ist fast schon ein festes Ritual bei den Seminaren: In den Kaffeepausen bilden sich kleine Gruppen, in denen die neuesten Trends ausgetauscht und diskutiert werden. Ich muss manchmal schmunzeln, wie die Teilnehmer sich wie Kompassnadeln auf das Smartphone ausrichten, auf dem zum Beispiel gerade eine App für den neuartigen Jogging-Trainingsplan zu sehen ist. Die Möglichkeit, sich während des Laufens vom Handy mit anfeuernden Ansagen motivieren zu lassen, sorgt dann für ein Raunen in der Gruppe.

In zahlreichen Lehrbüchern wird ein mustergültiges Vorgehen beschrieben: Zu Beginn des Arbeitstages soll man erst die großen Aufgaben angehen, später dann die weniger zeitintensiven Tätigkeiten. Oder es gilt die Aufgaben zunächst zu ordnen, was besonders wichtig und dringend ist, kommt ganz nach oben auf die Liste. Dann sollen Cluster, Aufgabengruppen gebildet werden – oder das Pareto-Prinzip ist zu berücksichtigen. Klassisches Zeitmanagement, neuartige Formen von To-do-Listen, digitale Erinnerungen, Aufgaben, die man sich gegenseitig via Outlook zuschiebt … Was die Organisation von Arbeiten angeht, gibt es sehr viele Möglichkeiten, für Struktur zu sorgen. Und dem Stress möglichst wenig Angriffsfläche zu bieten.

Das Arsenal der Antistressorganisation bietet noch viel mehr: Feng-Shui fürs Büro oder das *Simplify-your-life*-Prinzip. Alles Störende abstellen oder wegstellen, es außer Reichweite bringen. Keine Post-it-Zettel mehr verwenden. Möglichst beim Arbeiten eine Bücherwand im Rücken haben – und beim Einrichten von Ablagesystemen immer dafür sorgen, dass mindestens 50 Prozent des Platzes frei bleiben.

Smartphones und die passenden Apps haben noch einmal für einen Innovationsschub gesorgt: Das Programm, das meinen Schlaf überwacht und über einen Sensor in einem speziellen Armband meine Schlafphasen aufzeichnet – wenn ich denn welche habe. Die App, die misst, ob ich mich heute schon genug bewegt habe. Oder die Anwendung, die mir sagt, ob meine Flüssigkeitsaufnahme heute schon ausreichend war und wie ich damit im Wochenschnitt liege. Das Konzept dahinter: Assistenten sollen mich entlasten, indem sie mir das Leben leicht machen – indem sie „mitdenken" und mir so mehr Aufmerksamkeit für alles Weitere ermöglichen, das noch in meinem Leben vorkommt.

Auch jenseits der Touchscreens und Minicomputer gedeiht die Welt der Antistressangebote. Klopfmassagen zum Beispiel. Die Methode verspricht, über das Klopfen auf bestimmte Punkte am Körper zurück zur Ausgeglichenheit zu finden. Wut, Gereiztheit, Enttäuschung und viele andere, emotional negative Zustände sollen einfach weggeklopft werden.

Zu den Methoden, Entspannung zu finden, gesellen sich autogenes Training und Sport, Meditation und Yoga. Manche verlassen sich zusätzlich auf Vitalstoffe wie Vitamin B_{12} oder Vitamin D.

Weitaus zögerlicher wird über das Thema Alkohol gesprochen. Das heißt aber nicht, dass diese Form, mit Stress und Belastung umzugehen, weniger verbreitet ist. Ein Glas Rotwein am Abend, nur zum Einschlafen, dagegen kann doch niemand etwas sagen. Dabei bleibt es aber oftmals nicht. Einige geraten sukzessive in eine Abhängigkeit und können irgendwann nur noch mit einem gewissen Pegel den Alltag ertragen.

Wie mit einem Tabu sind auch Psychopharmaka belegt. Wahrscheinlich liegt es daran, dass Tabletten schnell in den Kontext von Krankheit gebracht werden, und damit möchte man sich nicht identifizieren. Jedenfalls nicht öffentlich. Die Zahlen sprechen jedoch für sich. Eine Auswertung der Techniker Krankenkasse zur gesundheitlichen Situation Studierender zwischen 20 und 35 Jahren ergab im Jahr 2010, dass jeder fünfte Studierende von seinem Arzt Psychopharmaka verschrieben bekam. Als Hauptursache für ihr Leiden gaben die Befragten Stress und Druck an.

Es liegt auf der Hand: Wenn ich Stress habe und darunter leide, muss ich etwas dagegen tun. Das ist plausibel und völlig nachvollziehbar. Und es ist ja nicht so, dass die Menschen, die unter Stress und Belastung leiden, nichts dagegen tun. Im Gegenteil.

Ich erlebe, dass Teilnehmer, die an Burnout-Symptomen leiden, ein ganzes Repertoire an Anläufen benennen können, wie sie zurück zu Gelassenheit und Ausgeglichenheit kommen wollten – um ihr Leben wieder in den Griff zu bekommen. Alles probiert: auf der Ebene der Alltagsorganisation, auf der Ebene des Körpers und auf der Ebene des Denkens. Vergeblich. Eigentlich hätte es klappen müssen.

Könnte es sein, dass die meisten Antistressprogramme möglicherweise gar keine Hilfe bringen? Sondern im Gegenteil sogar bewirken, dass sich die Situation für den Einzelnen noch verschlimmert.

Wieso schenken Menschen überhaupt solchen Methoden Glauben?

So richtig falsch

Der Ablasshandel im Mittelalter gehört zu den schillerndsten Blüten, die das Christentum hervorbrachte. Gegen Geld wurde den Menschen das Seelenheil verkauft. Und quittiert: Der Ablassbrief garantierte dem Einzelnen, dass er selbst oder sein Verwandter einen Platz im Himmel sicher hat. Oder dass sich durch den bezahlten Betrag die Zeit im Fegefeuer um eine feste Anzahl von Jahren verkürzt. Bares gegen Seelenheil.

Klar, es ist heute leicht, diesen Glauben als naiv einzuschätzen, und es erscheint berechtigt, eine solche Form des Geldmachens mit dem Jenseits bzw. mit der Angst vor Hölle & Co. zu verurteilen: Doch der Zusammenhang offenbart einen menschlichen Grundzug: Man wünscht sich Sicherheit. Und zwar die Form von Sicherheit, dass das, was ich glaube, was ich tue und wie ich handle, richtig ist. Also zum gewünschten Effekt führt. Garantiert. Ich weiß, was ich tun muss, damit es richtig ist. Und ich weiß, was ich falsch machen kann. Klare Regeln entlasten.

Aus diesem Grund denke ich oft an die Ablassbriefe, wenn mir neue Entspannungsmethoden und Programme über den Weg laufen: Ihr Reiz geht von dem Versprechen aus, dass sie unweigerlich zum Erfolg führen. Einfach die Regeln beachten und schon ist sie da, die Entspannung. Umso klarer und präziser eine Methode ist, umso mehr traut man ihr zu, dass sie auch wirklich funktioniert.

Diäten sind dafür ein gutes Beispiel: Das Erfolgsprinzip für die Popularität eines Entschlackungs- und Abnehmprogramms besteht darin, dass es möglichst klar und einfach ist. Also: Abnehmen mit Senf. Oder die 14-Tage-Eier-Diät. Jeden Tag ein Ei essen – dann mache ich alles richtig und nichts falsch. Und nehme ab. Wenn das nicht großartig ist! Wenn die Regeln so klar sind, sind sie leicht zu befolgen.

Endlich kann ich mal alles richtig machen! Das Einfache ist das Überzeugende. Egal ob es hilft oder nicht.

Nur die E-Mails richtig ordnen, To-do-Listen besser strukturieren, dringende Aufgaben immer mit blauem Stift notieren und weniger dringende mit Lila. Oder alle 70 Minuten eine kurze Klopfeinheit mit einer Yoga-Figur verbinden. Wenn es so leicht wäre, müsste niemand mehr unter Stress und Druck klagen.

Aber offenbar haben wir ein wichtiges Feld bei unserer Betrachtung noch gar nicht berücksichtigt.

Selbstentfremdung

Gestresst? Das kann sich ändern, verspricht eine populäre Meditationstechnik namens *Mindful Based Stress Reduction*, kurz MBSR. Wobei „mindful" auf Deutsch nicht mit „vernünftig" oder „besonnen" übersetzt wird, sondern sich mit dem Wort „achtsam" kleidet. Der Molekularbiologe Jon Kabat-Zinn hat das Verfahren in den späten 1970erJahren entwickelt. In Form von Volkshochschulkursen, aber auch in manchen Therapieformen fasst es hierzulande Fuß.

Es ist völlig in Ordnung, wenn Sie sensibler, wenn Sie aufmerksamer werden möchten und sich dafür in einer der ersten Übungen ausgiebig mit Form, Farbe, Herkunft und Geschmack einer Rosine beschäftigen sollen – eine der Übungen sieht vor, eine Rosine möglichst lange im Mund zu lutschen und mit der Zunge in Ruhe die Oberfläche abzutasten. Im zweiten Schritt jedoch geht es um Desensibilisierung: In der „Achtsamkeitsbasierten Stressreduktion" trainieren Menschen, wie sie heranstürmende Gedanken, Sinnesreize und Eindrücke zwar be„achten", aber nicht mehr als angst- oder stressauslösend empfinden. Die Reizschwelle soll so weit herabgesetzt werden, dass Gefühle wie Lampenfieber und Ärger – gesteigert als Angst oder Wut, körperlich messbar als Pulsrasen und Schweißausbruch – erst gar nicht entstehen.

Es geht mir nicht darum zu verurteilen, dass Menschen eine Form finden, wie sie zur Ruhe kommen und Ausgeglichenheit erleben. Es ist gut, wenn jemand das entdeckt, was er sucht. Mich erschreckt eher der Anspruch dabei, wenn

Stressreduzierung über eine Reduzierung unserer lebenswichtigen Warn- und Abwehrreaktionen erfolgt.

Hinzu kommt: Wenn wir uns weniger erregen lassen, fehlt uns auch bald die Lust, etwas zu unternehmen. Sobald wir uns von äußeren Reizen isolieren, bekommt unser Leben auch keine Impulse mehr. Im mittleren Teil unseres Gehirns gibt es ein Gebiet von der Form zweier Mandelkernhälften, die sogenannte Amygdala. Hier werden optische, akustische und Geruchsreize analysiert und bewertet, also z. B. der Gesichtsausdruck eines Gesprächspartners, ein herannahendes Geräusch oder ein Brandgeruch. Je nachdem wie die Amygdala diese Reize wiedererkennt und bewertet, löst sie blitzschnell Gefühle und Reaktionen aus: Angst und Flucht, Aggression und Angriff, aber auch Mitleid und Hilfe. Was sich hier zeigt: Methoden und Programme, die dazu beitragen sollen, Stress zu reduzieren und beruflich von Druck und Arbeitsbelastung geplagte Menschen zurück in eine Ausgeglichenheit zu führen, bewirken weitaus mehr als einen niedrigen Puls und ein besonnenes Gemüt. Sie verändern den Umgang miteinander und die Art und Weise, wie wir unser Leben und unsere Zeit empfinden. Und die Gesellschaft.

Das Maß der Mitte

„Motor für wirtschaftliches Wachstum und gesellschaftliche Stabilität" – wenn das kein Versprechen ist! Man könnte meinen, dass diese Formulierung eine Hochglanzbroschüre der Automobillobby schmückt oder aus der Feder eines Werbetexters für das Wahlkampfprogramm einer Partei stammt. Vielleicht ist es auch ein gelungener Text für eine Informationsmappe über EU-Subventionen. Die Auflösung ist aber ganz anders.

Die Formulierung dient als Untertitel einer Publikation des *Bundesministeriums für Familie, Senioren, Frauen und Jugend* aus dem Jahr 2005. Der Haupttitel: Work-Life-Balance.

„Work-Life-Balance-Maßnahmen rechnen sich für Unternehmen … schaffen Spielräume für Beschäftigte … stärken Beschäftigung und privaten Konsum … stabilisieren die Gesellschaft.“ Ein Blick in die Broschüre macht deutlich, wie hoch die Wertschätzung ist, die die Politik diesem Prinzip entgegenbringt. Und welche Resonanz sie dafür vonseiten der Wirtschaft erhält. Sabbaticals, Telearbeit, Jobsharing, Arbeitszeitkontenmodelle und auch Teilzeitarbeit sind unter dieser Flagge praktisch zum Pflichtenheft für Arbeitgeber geworden. Mit Sozialberatung, Fitnessangeboten und Programmen zum Gesundheitsbewusstsein schließen Kommunen und Krankenkassen jede weitere Lücke. Es scheint, dass man eine Formel gefunden hat, die sämtliche Bereiche miteinander verbindet und alle glücklich macht.

Keine Frage: Ich bin sehr froh darüber, dass sich hier so viele Initiativen und Verbesserungen ergeben haben. Ich freue mich mit jedem, der Familie und Beruf gut miteinander vereinbaren kann oder für sich eine Form findet, wie er Arbeitszeiten auf seinen Lebensrhythmus abstimmen kann. Da hat sich in den letzten Jahren Großartiges getan. Allerdings bin ich skeptisch, Work-Life-Balance damit automatisch als Erfolgsprinzip zu verstehen.

Schauen wir doch einmal genauer hin: Das Prinzip besagt, dass Menschen dann glücklich und erfüllt sind, wenn sie die beiden Lebensbereiche Arbeit und Freizeit in ein ausgewogenes Verhältnis zueinander bringen. Eine Balance, in der sich private Freiräume mit den beruflichen Anforderungen ergänzen.

Das klingt gut. Und irgendwie überzeugend. So wie die Formulierungen an sich: *Work?* Gut! Und *Life?* Gerne! *Balance* – wer will das nicht? Aber ich habe den Eindruck, dass diese Form von Balance nichts anderes ist als eine heimliche Diktatur. Work-Life-Balance beruht auf zwei Grundannahmen. Man könnte auch sagen: Unterstellungen. Zum einen geht man davon aus, dass der Job ein Energiefresser ist. Dass wir also auf der Arbeit unseren Akku entladen und sämtliche Kräfte aufbrauchen. Emotional und körperlich scheint es der Zeitabschnitt am Tag zu sein, an dem wir uns komplett verausgaben. Job, das ist der Ort, an dem wir mit Überforderung und immenser Belastung zu kämpfen haben, an dem Streit und Spannungen dominieren. Der Beruf wird zur Stresszone erklärt, einem Bereich, dem man den Krieg erklären muss. Alles, was mit der Arbeit zu tun hat, ist feindlich. Lebensfeindlich. Denn die zweite Zone ist ja „Life", also das Leben. Die Zone, in der ich Glück erfahre, in der sich meine Kräfte regenerieren und ich permanent sagen könnte: Hier bin ich Mensch, hier darf ich sein. Die zweite Grundannahme ist also, dass die Zeit jenseits des Berufs als eine Zeit des Glücks wahrgenommen wird. Zwei Gegensatzpaare: *Work und Life* – Hölle und Himmel.

Als ich vor Jahren zum ersten Mal von der Work-Life-Balance hörte, schüttelte ich unwillkürlich gleich mit dem Kopf. Ein solches Modell kann nicht stimmen. Sonst müssten Frauen oder Männer, die den Haushalt führen und sich um die Kinder kümmern, also das Leben zu 100 Prozent auf der blühenden „Life"-Seite verbringen dürfen, am Ende des Tages superfit sein – während der Partner, der gerade von der Arbeit kommt, praktisch direkt völlig erschöpft ins Bett fällt. Aber so ist es zum Glück in der Regel nicht. Viele erleben in ihrem Beruf erfüllende, positive Momente. Denken wir an eine Versicherungsvertreterin, die einen Kunden erfolgreich beraten und einen guten Abschluss erzielt hat. Oder einen Chirurg, dem eine schwierige Operation gelungen ist. Stolz und erfüllt fahren beide nach Hause. Sie haben Freude im und am Job. Natürlich gibt es auch zahllose Beispiele, dass der Berufsalltag nicht positiv erlebt wird.

Doch egal wie weltfremd das Modell ist: Es nimmt Einfluss. Und sagt uns: Sorg dafür, dass deine Work-Life-Balance gut dasteht. Sonst hast du schlechte Karten. Du wirst straucheln und am Ende scheitern.

In Wahrheit ist es so, dass sich jeder, der sich auf das Spiel mit der Work-Life-Balance einlässt, nur verlieren kann.

Das Wellness-Über-Ich

Donnerstag, 16. März, 17 bis 17.45 Uhr – Entspannen
Mittwoch, 3. Juni, 16 bis 17 Uhr – Mußestunde
Sonntag, 6. August, 8 bis 10 Uhr – neue Balance finden
Samstag, 12. September, 9 bis 10.15 Uhr – Regeneration
Dienstag, 8. Oktober, 20 bis 22 Uhr – zu Ausgeglichenheit kommen
Montag, 23. Dezember, 10 bis 14.30 Uhr – geistig Auftanken

Wenn ich Ihnen diese Termine für Ihren Terminkalender vorschlage, werden Sie sicher mit dem Kopf schütteln: Das wird doch nie klappen. Entspannung auf Knopfdruck? In festen Zeitblöcken und 45- oder 120-Minuten-Häppchen? Und überhaupt: Noch mehr Termine, die Zeit ist doch eh schon knapp bemessen.

Genau das ist es, was die perfide Wertung von *Work*, also dem Energiefresser, und *Life*, der Glückszeit, mit sich bringt: neuer Druck.

Balance, das heißt: Wenn es im Beruf stressig ist, braucht es im Privaten eben den nötigen Ausgleich. Ist die eine Waagschale schon voll und schwer, muss auf der anderen Seite nachgelegt werden. Die Belastung wird dadurch aber nicht geringer – im Gegenteil.

Ein Seminarteilnehmer erzählte mir, dass er nach einer Woche mit vielen intensiven beruflichen Terminen am Wochenende unter einem schlechten Gewissen leidet, weil er im Fitnessstudio sein „normales" Pensum nicht mehr schafft. Wo er sonst auf dem Laufband locker fünf Kilometer abspult, reicht es manchmal samstags nur noch für drei. Und statt den üblichen 80 Wiederholungen auf dem „Beinstrecker", muss er sonntags oft schon bei 55 passen. Deshalb steht er als Ausgleich am Samstag und am Sonntag eine halbe Stunde früher auf und macht zu Hause Sit-ups und Hanteltraining.

Andere versuchen am Wochenende all das zu kompensieren, was sie während der vergangenen fünf Tage an abendlichen Freizeitaktivitäten versäumt haben, weil beruflich so viel los war. Da jagt ein Treffen das andere, wird zwischen dem Brunch mit Freunden und dem Kaffeetrinken mit den Bekannten aus dem Yogakurs schnell noch eine halbstündige Radtour eingeschoben und abends zur Krönung des Tages ein Fest besucht. Und wenn man sich dann montags wieder ins Büro schleppt, weiß man gar nicht, weshalb man heute wieder derart müde ist.

Damit wir ein Leben in Ausgeglichenheit führen, zwingt uns das Balance-Prinzip dazu, den beruflichen Stress mit einer erhöhten Aktivität im Privaten zu kompensieren. Die Waagschalen geben vor: viel Arbeit, viel Freizeit. Dichter Job, dichte Freizeit. Das kann sich ganz einfach in Zeit bemessen: Für jede Überstunde muss ich eine Stunde Erholungszeit einplanen. Und es muss eine ebenso intensive Zeit sein, eine Stunde, gefüllt bis an den Rand. Auf der To-do-Liste kommen neue Punkte hinzu: die Mountainbiketour noch etwas schwieriger gestalten, zum Zumba-Kurs noch zusätzlich einen Step-Aerobic-Workshop belegen. Und der Spaziergang am Sonntag wird zur Walkingeinheit umfunktioniert.

Sie werden jetzt sagen: Nicht jeder verfällt gleich dem Sportwahn. Das ist richtig. Mit erhöhter Aktivität meine ich auch, dass der Anspruch an Erholungspausen erhöht wird oder sich der Einzelne Druck macht, am Feiertag vollkommen zu entspannen oder sonst etwas für seine Gesundheit zu tun. Jede Tätigkeit wird mit einem Pflichtenheft versehen: Die Meter und Minuten, die ich auf dem Rennrad oder Mountainbike zurücklege, werden auf Kommastellen genau mit Blick auf den Kalorienverbrauch umgerechnet; und beim Schwimmen wandert jede zurückgelegte Bahn auf das virtuelle Entspannungskonto.

Ich finde es spannend, wie stark sich hier der Reiz der Messbarkeit und Datenerfassung durchsetzt. Die App *Runtastic* zeichnet über das Smartphone für Radfahrer oder Jogger Distanzen, Geschwindigkeiten, sogar Pulsfrequenzen auf. Die Funktion „Erweiterte Statistiken" wird so beworben: „Lade Aktivitätsdaten wie Distanz, Dauer und verbrannte Kalorien von *Runtastic* in *Google fit*. Überprüfe deine Leistung und Fortschritte, indem du aktuelle und vergangene Zeiträume miteinander vergleichst (Wochen, Monate usw.)." Freizeit wird zur Präzisionsangelegenheit.

Zeit, die man mit Freunden verbracht hat, kann man sich auf dem imaginären „Work-Life-Balance-Konto" gutschreiben und beim Krimiabend vor dem Fernseher ist es nicht mehr nur die spannende Geschichte, die so packend ist, sondern das positive Gefühl, sich gerade einen guten Ausgleich zum restlichen Leben zu verschaffen.

Überall dort wo sich der Glaube an die Work-Life-Balance seinen Weg bahnt, ist die Zeit jenseits des Berufs mit einem Imperativ versehen: Du *musst* entspannen! Was sich hier abspielt ist im Grunde genommen nichts anderes als die Abschaffung der Freizeit: Jede freie Zeit ist nicht mehr „frei", also nicht verplant und ganz offen gestaltbar, sondern *muss* genutzt werden. Eben als möglichst intensiver Ausgleich für den Energieräuber Job. Ich weiß, ich polemisiere hier. Mir ist diese Deutlichkeit aber wichtig, um zu zeigen, wie sich dieses Spiel auf den Einzelnen auswirkt.

Miese Bilanz

„Jede Zelle meines Körpers ist glücklich, jede Zelle ist echt gut drauf. Jede Zelle an jeder Stelle, jede Zelle ist gut drauf. Jede Zelle an jeder Stelle, jede Zelle ist gut drauf."
Wenn Sie jetzt einen Ohrwurm bekommen, dann ist das so gewollt. 10,5 Millionen Mal wurde das Video mit dem „Körperzellen-Rock" auf YouTube angesehen. Im Film haben locker-beschwingte Menschen jeden Alters das Lied auf den Lippen und sind einfach nur: glücklich. Oder besser gesagt: Sie machen sich glücklich.

Denn das ist das Programm dahinter: Ich selbst kann mich glücklich machen, kann mich erfüllt sein lassen, kann mich zur Ausgeglichenheit führen. Ich sage einfach jeder Zelle meines Körpers, dass sie glücklich sein soll – und schon ist sie es.

Das Drama beginnt dann, wenn das nicht klappt.

Die Existenzberechtigung von Entspannungsmethoden besteht darin, dass sie funktionieren. Dass sie also zur erwünschten Wirkung führen. Das Regelwerk, wie das genau geht, beschreiben sie ja im Detail. Ob es nun die tägliche Meditationseinheit von 45 Minuten ist, der sportliche Ausgleich mit mindestens 750 Kilokalorien „Verbrennungsumfang" oder eine bestimmte Menge an Vitamin-B12-Zufuhr – die Regeln, wie man ans Ziel kommt, sind klar. Man muss sie eben nur einhalten. Regeln eben. Wie eine Kette von Dominosteinen, die man einmal anschubsen muss und die dann von ganz alleine weiterläuft. Dass es tatsächlich klappen kann, beschreiben *Best-practice-Modelle* und sagenhafte Erfolgsgeschichten. Der Stress und der tägliche Druck scheinen einfach auf Knopfdruck zu verschwinden.

Ganz schlimm geht es dann demjenigen, bei dem sich der Erfolg nicht einstellt. Bei der alleinerziehenden Krankenschwester, die immer noch unter Schlaflosigkeit leidet, obwohl sie zusätzlich zur Arbeit und der Kindererziehung noch mehrmals in der Woche autogenes Training macht. Beim Logistikplaner, der immer noch wegen seiner Antriebslosigkeit keinen Anschluss zu seinem Freundeskreis mehr schafft – obwohl er seit einem Vierteljahr Überstunden vermeidet und ein Kilo Obst pro Woche zu sich nimmt. Bei der Richterin, die immer noch täglich mit ihrer Reizbarkeit kämpft, obwohl sie sich seit über einem Jahr in zwei Yogagruppen abmüht. Und bei der Controllerin, von der ich zu Beginn des Kapitels erzählt habe. So viel ausprobiert, alles versucht, sich total angestrengt – und dann wird es doch nichts mit der erhofften Entspannung.

Wenn der Stress und das Gefühl von Überlastung nicht weggehen, obwohl der Einzelne sich doch so abmüht und Maßnahmen dagegen ergreift, dann setzt sich eine Spirale in Bewegung.

Die Teilnehmer erzählen mir immer wieder von der quälenden Erfahrung, dass sie den Stress einfach nicht in den Griff bekommen und schlichtweg versagt haben. Die Frustration steigert sich bis hin zu Schuldgefühlen: Ich bin schuld, dass es mir so schlecht geht.

So ungewöhnlich dieses Denken erscheint – es ist nachvollziehbar. Denn das Waagschalenmodell der Work-Life-Balance hat den Ort, an dem der Ausgleich zum Stress geschafft werden soll, auf die Freizeit festgelegt. Dort muss ja der Körper bildlich gesprochen neu betankt und die geistigen Kräfte wieder vitalisiert werden. Der Einzelne ist also dafür verantwortlich, dass er für seine Leistungsfähigkeit sorgt. Gerät das System ins Wanken, pochen die Schuldzuweisungen.

Wenn es nicht klappt, dann liegt es an dir!

Wenn das alles nicht wirkt, dann hast du nicht genug geübt, bist du nicht weit genug gejoggt, hast du nicht genug probiert, dein Leben endlich zu ändern!

Wenn es nicht klappt, dann hast du es falsch gemacht. Niemand anderes!

Der bunte Strauß von Methoden und Angeboten, die uns zur erhofften Entspannung führen sollen, suggeriert uns eine mechanistische Auffassung vom Menschen: Man muss nur ein paar Regler drehen, den Motor anders einstellen und schon läuft wieder alles. Gesundheit, Entspannung und ein gutes Wohlbefinden sind also einfach machbar – so das Grundprinzip. Der Einzelne ist am Zug. Wenn er noch nicht ausreichend entspannt und gelassen ist, dann hat er eben nicht hart genug dafür gearbeitet. Er muss nacharbeiten – Überstunden für die Entspannung.

Eine Parallele dazu fällt mir auf, wenn ich im Fernsehen oder in der Zeitung etwas über heutige Manager erfahre. Hier gab es einen Generationenwechsel. Und zwar besonders mit

Blick auf die Figur. Ich meine das im wörtlichen Sinn: Die Riege der Führungskräfte, die noch mit Körperumfang und Statur zum Ausdruck brachten „ich bin standfest, ich bin der Fels in der Brandung", ist so gut wie abgelöst von drahtigen, schlanken, total agilen Typen. René Obermann, der von 2006 bis 2013 Vorstandsvorsitzender bei der Deutschen Telekom war, oder Jürgen Fitschen der die Geschicke der Deutschen Bank lenkt, sind praktisch Prototypen für diesen neuen Look. Ich glaube, dass der schlanke, durchtrainierte Körper Bestandteil der Kommunikation ist und zum Ausdruck bringt: Das ist ein starker Typ, einer, der alles im Griff hat – sogar seinen Körper, seine Gesundheit.

Diese Bilder im Kopf zu haben, macht etwas mit uns. Im Selbstvergleich kommt man sich klein und schwach vor. Und umso höher ist die Fallhöhe, wenn Stress und Überlastung zur täglichen Tortur werden und uns sagen: Du hast das Leben nicht im Griff. Du schaffst es einfach nicht. So wird es nichts.

Zur Erfahrung von Mattigkeit, Schlaflosigkeit, Reizbarkeit und Stress in jeglicher Form kommt – ich sprach bereits darüber – dann auch die niederschmetternde Überzeugung dazu, an all dem selbst schuld zu sein. Immer wieder berichten mir Betroffene darüber. Die Frustrationserfahrung bekommt für sie neue Quellen. Die Enttäuschung ist ganzheitlich. *„Beruflich ist es schwierig, ständig passieren mir Fehler. Ich habe das Gefühl, das merken alle. Und jetzt schaffe ich es noch nicht einmal mehr, mein Privatleben auf die Reihe zu bekommen. Sogar beim Joggen erreiche ich meine Ziele nicht. Im Gegenteil, ich werde jede Woche schlechter."*

Entspannungsworkaholics

Damit Sie mich richtig verstehen: Ruhe und Gelassenheit sind unheimlich wichtig. Und ich bin überzeugt, dass regelmäßiger Sport ein guter Ausgleich und geplante Entspannungszeiten im Wochenablauf eine große Bereicherung sein können. Ich mache selbst gerne Yoga, gehe in die Sauna oder mit meinem Mann zu einem Wellness-Wochenende. Ohne ein System, mit dem ich meine E-Mails bearbeite und Termine plane, könnte ich den Alltag gar nicht meistern.

Allerdings dürfen wir solche Aktivitäten nicht als Methode verstehen, den Stress damit in den Griff zu bekommen. Oder sogar ganz abzuschaffen. In der Medizin würde man die Maßnahmen als *palliativ* bezeichnen. Symptomorientiert, von kurzfristiger Dauer, und vor allem schmerzlindernd. Die eigentliche Grunderkrankung bleibt.

Sport zu treiben, uns regelmäßig zu bewegen, uns richtig anzustrengen – das ist gut für unseren Körper. Wenn aber das Training permanent in Stress ausartet, weil man es zwischen vielen andere Verpflichtungen und Terminen hektisch einschiebt und man letztlich immer aufs Neue frustriert wird, weil man den eigenen Ansprüchen oder den Anforderungen anderer nicht genügt – dann geht etwas grundsätzlich schief.

Entspannungstechniken entspannen. Nicht mehr und nicht weniger – ein Riesenunterschied zu kurativen Maßnahmen, unter deren Deckmantel sie oft verkauft werden. Also als Methoden, die die Ursachen von Stress nachhaltig beeinflussen und bekämpfen.

Es sind die eingängigen Versprechungen der Entspannungs- und Achtsamkeitsratgeber, die uns letztlich kein Heil bescheren, sondern oftmals das demütigende Gefühl, immer noch nicht gut genug zu sein. Ein Gefühl, das uns zu Getriebenen macht.

Kapitel 3

Das Märchen von der
ständigen Erreichbarkeit

Socken, Kulturbeutel, frische Wäsche, eine zweite Hose, Hemd oder Bluse, die Bahnfahrkarte, Handy und das Portemonnaie. Vielleicht noch ein Schal und zur Sicherheit ein Regenschirm. Klar, die Tasche für die zweitägige Reise ist noch nicht fertig: Außendienstler packen noch die Mustermappe und den Laptop in die Tasche, Wochenendreisende legen den Stadtführer dazu und derjenige, der einfach mal wieder einen Freund besuchen möchte, legt noch die aktuelle Lieblings-CD und eine gute Flasche Wein als Gastgeschenk bei. Es kann losgehen.

H-A-L-T.

Es fehlt noch etwas sehr Wichtiges: Das Ladegerät für das Mobiltelefon. Zwei Tage Kurztrip, das sind 48 Stunden. So lange hält der Akku bestimmt nicht. Ohne neue Stromzufuhr für das Handy geht es nicht. Denn man möchte ja erreichbar sein. Ständig.

„Können wir die Handys anlassen?"

Beim Kofferpacken fällt mir auf, wie sehr sich die Kommunikationskultur in den letzten beiden Jahrzehnten verändert hat: Fax, Telegramm oder gar der Sprung von der mechanischen

47

zur elektrischen Schreibmaschine sind dagegen allesamt ein Klacks. Heute spricht man von ständiger Erreichbarkeit. Und meint damit nicht selten eine Art Büchse der Pandora: die Quelle allen Übels.

Die Frage, ob die Handys anbleiben oder auf lautlos gestellt in Blickweite liegen können, stellen Teilnehmer in meinen Seminaren so gut wie nie. Es wird einfach gemacht. In den Pausen oder nach einem Seminartag muss ich dann manchmal schmunzeln und ein bisschen an den Comic-Western-Helden Lucky Luke denken: Wer zieht schneller? Kaum ist die Pause angesagt, geht der erste Griff ans Smartphone.

Gleich wieder erreichbar sein – die Anliegen dahinter sind echt berechtigt – die Teilnehmer sind während der Arbeit und auch in ihren Familien derart eingespannt, dass einige Entscheidungen ohne sie schlicht nicht getroffen werden können. Zumindest glauben sie das. Andere berichten davon, dass ein schlechtes Gewissen an ihnen nagt, wenn sie länger als einen Tag lang nicht die E-Mails gecheckt oder wenigstens kurz mit einem Kollegen aus dem Team telefoniert haben.

Eine Frau aus der Führungsetage eines Mittelständlers erzählte von „Managerexerzitien" in den Alpen. Einer Zeit, die eigentlich von gemeinsamem Schweigen geprägt sein sollte, um aufzutanken. Allerdings versammelten sich die Teilnehmer abends um 21 Uhr jenseits des Meditationsraumes an der hohen Tanne am oberen Rand der Bergwiese, weil das der einzige Ort mit Handyempfang war. Auf der Anrufliste standen dann allerdings weniger die Ehepartner und Familien, als vielmehr die Kollegen im Betrieb, denn der Laden musste ja laufen. Nicht erreichbar zu sein und die anderen einfach machen zu lassen, das könnte vielleicht zu schwerwiegenden Problemen führen – so die Befürchtung.

„Wenn ihr noch Fragen zur Berechnung der Statik habt, ruft mich einfach kurz an" oder *„Bei dem Vorgang kenn ich mich einfach am besten aus. Schreib mir eine kurze SMS, ich kann dann zurückrufen, falls noch was offen ist"* – solche Absprachen sind noch harmlos im Vergleich zu dem jungen Banker, der einmal in einem italienischen Restaurant in Frankfurt am Nachbartisch saß.

Die Teller mit Pizza und Pasta werden gerade zu den vier jungen Männern gebracht. Ihrem Anzug nach zu urteilen setzen sie in einem der hohen Bankenbürotürme das um, was sie im Wirtschaftsstudium gelernt haben: Zahlen und Finanzprodukte jonglieren. Vier schicke Smartphones liegen griffbereit neben Messer und Gabel. Da leuchtet das Handy des einen auf. Ein kurzer Blick und dann der knappe Satz: *„Der Chef. Ich muss noch mal los. Ciao."* Der junge Mann schlüpft in seinen Mantel, zieht noch einen Geldschein aus der Börse und verabschiedet sich schnell. Es ist 20.45 Uhr. Eigentlich die Zeit, den Feierabend zu genießen.

Das, was mich erstaunte, war jedoch weniger die Tatsache, dass der junge Mann seinen Teller und sein Getränk stehen lässt, um flugs wieder ins Büro zu kommen. Sondern eher die Reaktion aller: Es scheint normal zu sein, sich auch am Abend und während des Essens von der Arbeit bestimmen zu lassen. Ich kann mir nicht vorstellen, dass es an Feiertagen, zu späterer Uhrzeit oder am Wochenende bei ihnen anders sein würde. Das kann nicht gesund sein. Und so finde ich es nachvollziehbar, wenn sich die Medien auf dieses Thema stürzen:

„Die ständige Erreichbarkeit macht Mitarbeiter krank"
Die Welt, 6. August 2014

„Ständig erreichbar zu sein – für viele Arbeitnehmer ist das Stress pur"
Stern, 29. November 2013

„Ständige Erreichbarkeit macht Angestellte müde"
Ärzteblatt, 12. Dezember 2014

„Stress: Ständige Erreichbarkeit hat psychische Folgen"
Wirtschaftswoche, 12. Dezember 2013

„Kampf dem E-Mail-Wahnsinn: ständige Erreichbarkeit macht krank"
IG-Metall-Zeitschrift, 15. April 2014

Ständige Erreichbarkeit: Das scheint ein ganzer Kosmos zu sein – aus unbezahlten Überstunden, aus unterbrochenen Familienfeiern, aus abgebrochenen Schwimmbadbesuchen und nervigen Anrufen von Vorgesetzten, Kunden und Kollegen. Ein Quell von Stress und Arbeitsdruck. Jederzeit kann das Berufliche dem Privaten einen Strich durch die Rechnung machen. Wie eine dunkle Macht, die jederzeit Besitz über unsere Pläne, über unsere Gefühle und unser Handeln ergreifen kann.

Was steckt hinter dieser Formulierung der *ständigen Erreichbarkeit*, die auf den Onlineportalen, in den Tageszeitungen und Morgensendungen so fleißig wiederholt wird und im Zusammenklang mit den Begriffen *Reizüberflutung* und *Burnout* eine Art Dreifaltigkeit der Stressbedrohung bildet? Für die Medienberichterstattung ein gefundenes Fressen – immerhin eignet sich das Trio Infernale als ideales Bedrohungsszenario. Irgendwie kann es jeden erwischen. Schneller als man denkt. Ich möchte diesem Phänomen hier auf den

Grund gehen – und schauen, was uns da eigentlich bewegt oder gar antreibt, wenn wir dem Ruf nach permanenter Erreichbarkeit folgen.

Das Ende der Schreibstuben

Mit der E-Mail hat alles angefangen. Alles wird einfacher, so das damalige Heilsversprechen. In Sekundenschnelle sind Text-Nachrichten und Dokumente übermittelt, die vorher ein bis zwei Tage als Brief unterwegs waren – wenn die Sendung ins Ausland ging, konnte es manchmal sogar Wochen dauern, bis der Empfänger unsere Botschaft in den Händen hielt. Ob das Fax auch wirklich ankam? Man hat damals sicherheitshalber telefonisch nachgefragt. In der Schreibmaschinenära war es in Unternehmen, Ämtern und sämtlichen anderen Institutionen ganz normal, dass für jede Führungskraft eine Sekretärin den Schreibkram für ihren Vorgesetzten erledigte. In jeder Arbeitsgruppe sorgte eine Schreibkraft dafür, dass die Kommunikation ordnungsgemäß lief. Mit dem Diktiergerät wurde die Botschaft auf Band gesprochen und die Sekretärin brachte alles vertrauensvoll und hochkompetent zu Papier. So manch ungelenker Satz oder eine missverständliche Formulierung bügelte die verlässliche Assistentin aus. Sauber und formvollendet geschrieben ging der Brief dann in die Post. Ein hoher Wert!

Dann kam die Zeit der E-Mail – und das Ende dieser Arbeitsteilung. Wenn Nachrichten in Sekundenschnelle direkt beim Empfänger auf dem Monitor aufblinken und der Antwortknopf direkt neben dem Inhalt positioniert ist, dann kann der Empfänger ja gleich zurückschreiben. Das ist direkt und schnell. Wer will sich jetzt noch mit Diktiergeräten und dem Abstimmen von Briefen aufhalten. Der muss von vorgestern sein. Die Dinosaurier der Bürokommunikation sind vor gut zehn Jahren ausgestorben, von ganz wenigen Ausnahmen abgesehen.

Damit geht ein grundlegender Kulturwandel einher, vor allem eine komplette Umstellung der Arbeitsorganisation und Aufgabenverteilung: Die E-Mail macht die Kommunikation nicht nur schneller, sondern gleichzeitig alle Menschen, die in irgendeiner Form schriftlich miteinander kommunizieren zu Einzelkämpfern. Der Chef schreibt seine E-Mails selbstverständlich selbst, der Architekt bearbeitet die Frage, die sonst immer der Sachbearbeiter für ihn erledigt hat, auch gleich noch mit und der Assistenzarzt pflegt das Protokoll, das er eben verfasst hat, selbst in das Dokumentenverwaltungssystem des Krankenhauses ein. Anschließend bereitet er – ebenso längst selbstverständlich – direkt die Krankenkassenabrechnung vor. Jetzt ist jeder für seine Korrespondenz zuständig. Fürs formal korrekte Schreiben, für gelungene Formulierungen, für die Verwaltung von Nachrichten, das richtige Archivieren wichtiger Schreiben. So gefeiert der vermeintlich einfache Umgang mit E-Mail-Korrespondenz wird: Er hat uns letztlich auch viel mehr Arbeit beschert.

Dabei blieb es nicht. Denn dann kamen die Mobiltelefone. Und damit begann der Stress erst richtig.

„Wie viele Balken hast du?"

„Ich hab kein Netz." Dieser Satz ist vom Aussterben bedroht. Das Mobilfunknetz ist in Deutschland praktisch flächendeckend und in Städten auch ausgesprochen zuverlässig. Klar gibt es Ortschaften wie das unterfränkische Reichmannshausen, in denen Handyempfang immer noch nicht möglich ist.

Dafür tauchen solche Dörfer aber auch als Exoten in diversen Magazinen oder der Süddeutschen Zeitung auf, in Artikeln mit der Überschrift: „Die fünf schönsten Funklöcher". Man könnte fast sagen: Damit ist ganz Deutschland zum Büro geworden. Außer natürlich Reichmannshausen. Der Ansprechpartner bei meiner Versicherung muss nicht mehr am Schreibtisch neben dem schnurgebundenen Telefon sitzen – mein Anruf kann ihn auf dem Handy erreichen, auf das ihn die Telefonanlage weitergeleitet hat. Die Personalreferentin kann die Zugfahrt zur Job-Messe nutzen, um E-Mails zu beantworten und kurze Telefonate zu führen. Und der Außendienstler kann abends im Hotel auch noch Bestellungen und Kundenrückmeldungen in das Warenwirtschaftssystem einpflegen. Ist das Mobilfunknetz flächendeckend geworden, dann gilt das auch für die Berufswelt: Smartphone-Nutzung, WLAN-Angebote sind so gut wie in jeder Kaffeebar oder Bahnhofshalle möglich und die WLAN-App bzw. der Surfstick für den Laptop machen auch wirklich jeden Ort zum Arbeitsplatz. Jeder kann diesen jederzeit betreten und schnell und unkompliziert einige Aufgaben erledigen. Die Verlockung ist groß, man will ja schließlich wissen, was los ist. Und in vielen Fällen fordern es die Arbeitgeber auch schamlos ein. Oder die Kollegen machen mit ihrem „Vorbildverhalten" Druck. Da wird montags beim Mittagessen berichtet: „Am Samstag kam gegen Mittag die Mail des Kunden, da habe ich natürlich sofort reagiert und ihm einen Vorschlag gemacht, wie er das Problem aus der Welt bekommt." Der Abteilungsleiter nickt sichtlich erfreut und die Kollegen am Tisch beginnen sich Gedanken zu machen, ob sie nicht auch langsam ihr Arbeitsverhalten ändern sollten.

Ich selbst genieße es auch, vom Supermarkt aus kurz bei meinem Mann nachzufragen, ob wir noch Milch im Haus haben; und ebenso dient das Handy mir zur Vorbereitung auf jeden Arbeitstag, wenn ich schon auf dem Weg ins Büro in der Nachrichtenübersicht sehe, welche E-Mails auf meine Antwort warten.

Das klingt jetzt alles ganz idyllisch und nach produktiver Vernetzung. Und doch kann ich mir vorstellen, dass sich bei dieser Beschreibung Ihr Pulsschlag erhöht. So schön sieht die Welt der ständigen Erreichbarkeit doch gar nicht aus! Der springende Punkt ist das Wörtchen *kann*. Denn das drückt eine Freiwilligkeit aus. Treffender wäre wohl *muss*. Ständige Erreichbarkeit – das ist so etwas wie die elektronische Fußfessel: Es gibt kein Entkommen. Die Möglichkeit, überall und jederzeit arbeiten zu können, ist in der Wahrnehmung nicht mehr Option, sondern Pflicht. Oder eine Diktatur: Denn offenbar gibt es keine Alternative, als ständig erreichbar zu sein.

Bruchrechnen

18 Drittel, 12 Viertel, 42 Siebtel. Für Erwachsene ist das ein Kinderspiel. Fast schon reflexartig kommen die Antworten. Tausendmal sind wir die Rechenaufgaben im Kopf schon durchgegangen. Ganz anders war es bei meiner Tochter. Elf Jahre war sie damals alt, ihr größtes Problem im Leben lautete: Bruchrechnen. Mein größtes Problem stellte sich so dar: Vier Kinder unterschiedlichen Alters und mit komplett verschiedenen Interessen und Temperamenten unter einen Hut zu bekommen.

„*Endlich!*", sagte ich mir selbst an diesem Novembernachmittag. Die Achtjährige war mit den wenigen Hausaufgaben durch und spielt nun entspannt mit ihren jüngeren Geschwistern „Vater-Mutter-Kind". Jetzt heißt es, die Gunst der Stunde nutzen, durchatmen und mit meiner verzweifelten Elfjährigen das Bruchrechnen üben. Kaum haben wir mit einer Aufgabe begonnen, kommt schon die erste Störung, und die nächste lässt nicht lange auf sich warten: *„Mama, ich habe Durst. – Wo ist meine Haarspange? – Antonia ärgert mich. – Wann kommt Papa? Ich hab da so eine komische Stelle, die wehtut."* Ich ringe um Fassung. Noch bin ich geduldig und wiederhole betont mütterlich meine Antwort: *„Warte."* Ich merke selbst, wie mit jeder Störung mein *„Warte!"* immer lauter wird. Dann klingelt das Telefon. – Und ich gehe!

So kurz der Anruf war – eine andere Kindergartenmutter hatte nur eine Frage, zu welcher Uhrzeit der Elternabend am Dienstag beginnt – so verheerend waren die Auswirkungen: Die Vater-Mutter-Kind-Gruppe zog lärmend an den Hausaufgabentisch, meine große Tochter verlor ganz die Geduld mit der Matheaufgabe und räumte den Tisch entnervt ab. Jede Ruhe und Konzentration, die ich so mühsam für diesen Nachmittag erkämpft hatte, war verflogen. Und ich war am Verzweifeln. Ich hätte mich auf den Mond schießen können. Und das Telefon erst recht.

Die E-Mail, der ich auf meinem Smartphone für 40 Sekunden Aufmerksamkeit schenke, der kurze Anruf der Kollegin oder die WhatsApp-Nachricht aus der Projektgruppe: Das sind weitaus mehr als 40 Sekunden Aufmerksamkeit, 1 Minute 30 telefonieren oder 116 Zeichen Text. Wenn wir einer Nachricht von außen Aufmerksamkeit schenken, dann empfinden wir das deshalb als Störung, weil wir dadurch eine Entscheidung revidieren: nämlich die Entscheidung, unsere Aufmerksamkeit für das aufzuwenden, was wir gerade machen.

Wir lassen uns die Prioritäten diktieren. Also von außen sagen, was wichtig und unwichtig ist. Es sind Interventionen, die uns aus dem herausreißen, für das wir uns eigentlich entschieden haben. Wir werden abgelenkt und verlassen das Hier und Jetzt.

Aber warum nehmen wir das Klingeln des Telefons praktisch ebenso wichtig wie das Heulen einer Feuersirene? Oder das Ping der WhatsApp-Nachricht so wichtig wie ein Stoppschild: Stopp, nicht weitermachen sondern erst mal schauen, welche Nachricht gerade eingetroffen ist? Eigentlich könnten wir ja sagen: Die Nachricht läuft nicht weg – und der Anrufer probiert es schon noch mal, wenn er nicht gleich durchkommt. Die Antwort liegt in unserer Vorstellungskraft – und dem Selbsterhaltungstrieb.

Zunächst einmal lassen wir uns unterbrechen, weil wir mutmaßen, dass der Anruf oder die E-Mail wichtiger sein könnte als das was wir gerade machen. Oder andersherum formuliert: Wir denken, dass das, was wir gerade machen, weniger wichtig sein könnte als die Nachricht oder die Information, die gerade auf uns wartet. Das hat mit dem Angstprinzip zu tun, dass Unbekanntes immer mächtiger zu sein scheint als etwas Vertrautes: *„Klar, wir sitzen jetzt beim Mittagessen – aber vielleicht ist die Nachricht auf dem Handy doch massiv wichtig"* – oder *„Ich verkürze meine Mittagspause, um noch schnell vor der Teamsitzung bei der Nummer zurückzurufen, die da in meinem Display erschienen ist; es könnte ja etwas Dringendes sein"*. Selbst wenn der eigentliche Inhalt des Anrufs oder der Nachricht gar nicht wichtig ist: Wir messen ihm sicherheitshalber eine Bedeutung zu.

Man könnte auch sagen: Wir rechnen permanent mit dem Schlimmsten.

Erschwerend kommt ein Gefühl von Ohnmacht hinzu. Wenn der Familienvater, der sich am Dienstagnachmittag immer um den zweijährigen Sohn kümmert, auf dem Spielplatz per E-Mail erfährt, dass er am Vortag bei einer Nachricht ein wichtiges Dokument im Anhang vergessen hat, dann hilft es niemandem. Die Datei liegt auf dem Rechner im Büro, kein Zugriff möglich. Jetzt ist Zeit mit seinem Sohn und ganz konkret der Sandkasten angesagt. Und das Büro erst morgen früh wieder. Seine Zeit mit Baggern und Schaufeln ist ab diesem Moment jedoch durch das frustrierende Gefühl getrübt, dass ihm schon wieder ein Fehler unterlaufen ist. Und ihm sind gerade die Hände gebunden, die Scharte auszubessern. Das ist fies.

Eine Nachricht kann nur dann für den Moment relevant sein, wenn aus ihrem Inhalt eine Handlung oder Entscheidung hervorgehen kann. Deshalb ist die Information über den vergessenen E-Mail-Anhang schlichtweg nutzlos: Weil sie zur falschen Zeit am falschen Ort ankommt.

Dasselbe gilt übrigens auch für private Nachrichten im beruflichen Kontext: Die WhatsApp-Nachricht mit dem Foto der umgestürzten Müslischalen inmitten des Legosteinchaos, die der verzweifelte Vater, der gerade Elternzeit nimmt, an seine Frau ins Büro schickt, löst deshalb Stress aus, weil ihr die Hände gebunden sind. Sie möchte gerne ihrem Mann unter die Arme greifen. Kann aber nicht.

Dass wir Aufgaben erhalten oder auf Fragen antworten müssen, ist ganz normal. Das Perfide an der ständigen Erreichbarkeit ist aber, dass wir auf solche Botschaften gerade überhaupt nicht eingehen können und nur mit der Herausforderung konfrontiert werden. Allerdings nicht als Akteure, sondern als Leidende, zur Tatenlosigkeit verdammt. Komplett zur Tatenlosigkeit verdammt? Ich glaube nicht …

Lösungen gibts genug

Wenn uns immer wieder Nachrichten erreichen, die mit der Situation, in der wir uns gerade befinden, nichts zu tun haben, und die uns in diesem Momenten eher verwirren, als dass sie uns helfen, dann könnten wir doch einfach das Smartphone abschalten. Störungen, Unterbrechungen – jetzt nicht – ich entscheide mich dafür, im wahrsten Sinne des Wortes abzuschalten. Und ich rufe Nachrichten nur dann ab, wenn ich wirklich Zeit dafür habe, mich damit zu beschäftigen. Wenn ich die nötige Ruhe und Gelassenheit habe, dem Ansturm der Anforderungen gerecht zu werden.

Der Tag am Hausaufgabentisch, den ich geschildert habe, war der Tag, an dem ich mich für die Anschaffung eines Anrufbeantworters entschieden habe. Von da an konnte jeder uns eine Nachricht hinterlassen. Und ich konnte dann zurückrufen, wenn es für mich wirklich passte.

Wenn mich beim Grillabend ein Anruf stören könnte, lasse ich das Handy am besten aus. Wenn ich nach 17.30 Uhr keine E-Mails mehr beantworten möchte, dann mache ich das eben nie – und signalisiere so meinem Gegenüber, dass ich wirklich nur von 8.30 bis 17.30 Uhr arbeite. Wenn der Krankenkassenangestellte im Urlaub ist, dann kann er sich auf die getroffene Vertretungsregelung und die klar formulierte Abwesenheitsnachricht im E-Mail-Account verlassen – und kommt gar nicht in Versuchung, die dienstlichen Mails am Strand oder auf der Almhütte zu checken. Und die selbstständige Grafikdesignerin kann ja zwei Telefonnummern haben – eine private und eine Nummer, unter der die Klienten sie erreichen können. Ich selbst habe mein Handy fast immer auf lautlos und rufe zurück, wenn mir jemand eine Nachricht hinterlässt.

Das klappt gut und mir ist noch nie eine Information entgangen. Wenn ich im Urlaub bin, habe ich eine Abwesenheitsnachricht eingerichtet; ich schaue aber trotzdem ab und zu in die Mails – das entlastet mich irgendwie dann doch und manchmal schreibe ich auch zurück. Einmal bekam ich, als ich einem Geschäftspartner eine Nachricht per Mail schickte, eine bemerkenswerte, automatische Antwort: „Ich bin bis zum 17. August im Urlaub und möchte Sie bitten, sich dann nach diesem Zeitpunkt noch einmal an mich zu wenden. Meine Nachrichten werden bis dahin nicht gelesen und beantwortet." Stark! Aus dieser Nachricht sprach eine Gelassenheit und Souveränität, die mich wirklich beeindruckte.

Wir haben es in der Hand. Und können selbst die Regeln bestimmen.

Ich kann mir vorstellen, dass manche an dieser Stelle einwenden, dass nicht jeder Arbeitgeber so etwas mitmacht. Der Job und die Anforderungen des Berufs sprechen eben ihre eigene Sprache. Wenn sich Teams permanent abstimmen müssen, wenn Projektergebnisse fest terminiert sind und Aufschübe für das Unternehmen kostspielig werden, kommt es tatsächlich auf einen sehr schnellen Austausch an. Dann zählt oft jede Stunde.

Aber ist es wirklich so, dass jede Nachricht, die ich am späten Abend vom Sofa aus versende, tatsächlich die Welt rettet? Und ist es so, dass jedes Projekt immer kurz vor dem Kollaps steht?

„Die Amerikaner erwarten es so. Das bringt uns einen Vorteil bei internationalen Projekten", solche Argumente höre ich manchmal in großen Konzernen. Ich frage dann immer nach konkreten Fällen, bei denen der Erfolg des gesamten Projekts tatsächlich von einer einzigen E-Mail abhängig war, die spätabends zu mitteleuropäischer Zeit verschickt wurde. Die Antwort fällt meistens sehr ernüchternd aus. Nämlich mit betretenem Schweigen.

Selbst wenn ein Arbeitgeber seinem Mitarbeiter ein Diensthandy gibt, heißt das nicht, dass dieser es ständig eingeschaltet lassen muss. Oder dass er bei jedem Anruf ans Telefon geht. Bemerkenswert und beispielhaft ist in diesem Zusammenhang die 2011 getroffene Regelung bei Volkswagen: Erst 30 Minuten vor Beginn und bis 30 Minuten nach Ende der Gleitzeit senden die Server E-Mail-Nachrichten auf die Smartphones der Mitarbeiter. Davor und danach ist Funkstille. Die Betriebsvereinbarung gilt für mehr als 1100 VW-Mitarbeiter, die ein Firmen-Blackberry besitzen und für die ein Tarifvertrag gilt. Sie bekommen also Nachrichten nur während der geregelten Arbeitszeit. Und dadurch einen nachrichtenfreien Feierabend. Auch Daimler will die E-Mail-Flut eindämmen bzw. kanalisieren: 2013 konnten einige Mitarbeiter im Rahmen eines Pilotprojekts ihr E-Mail-Postfach über die Oster- und Sommerferien so einstellen, dass E-Mails, die sie im Urlaub erreichen, automatisch gelöscht werden. Der Absender der Nachricht erhielt einen entsprechenden Hinweis in Form einer Abwesenheitsnotiz, in der auch ein Vertreter genannt wurde.

Klar, Daimler und Volkswagen etablieren sich damit in der Öffentlichkeit als arbeitnehmerfreundlicher Arbeitgeber – der Konzern kommuniziert aber auch: Zu nachtschlafender Zeit wird uns keine wichtige Entscheidung entgehen. Jeder Werktag hat genug Stunden und Gelegenheit, gute Arbeit zu leisten. Und der Urlaub ist für die Erholung da – ohne jede Unterbrechung. Das restliche Jahr hat genug Tage, um ein gutes berufliches Ergebnis abliefern zu können.

Die Lösungen könnten doch ganz einfach sein: Teams könnten klare Regelungen treffen, Smartphones im Urlaub und am Wochenende ausbleiben, der Einzelne seinen Kunden und Kollegen sagen, wie und zu welchen Zeiten er kommunizieren möchte. Und schließlich würde der Blick auf die Minuten und Stunden, die durch eine Antwort zu später Stunde gewonnen sind, schnell ernüchtern: Ob die Nachricht um 23.56 Uhr oder um 8.22 Uhr verschickt wird, macht meist überhaupt keinen Unterschied.

Wir könnten mit den beruflichen Anforderungen ganz entspannt umgehen und das Firmen-Smartphone abschalten, wenn wir Feierabend machen. Während der Arbeitszeit schauen wir uns berufliche Mails an, nach Dienstschluss dann nur noch private Nachrichten. Und den Stress schaffen wir ab.

Das klingt doch eigentlich einfach:

- Ich merk den Stress im Job, also muss es der Job sein.
- Ich merks im Körper, also muss es der Körper sein.
- Ich merks in der Wohnung, also muss es irgendwie mit der Wohnung zu tun haben.
- Ich merks, dass mich die ständige Erreichbarkeit nervt – also muss es daran liegen.
- Aber ich glaube, dass diese Logik nicht aufgehen wird. Jeweils das abzuschaffen oder anzugehen, wo wir Stress und Druck verspüren, wäre wieder nur eine palliative Maßnahme: schmerzlindernd. Aber eben nicht ursachenbekämpfend.
- Ich denke, nicht die permanente Erreichbarkeit selbst ist das Problem, sondern der falsche Umgang damit. Oder anders formuliert: Ich halte den Druck, den mir ständige Erreichbarkeit macht, für ein selbst gewähltes Leiden.

Ständig? Reicht nicht!

Die kleine Hexe im Spiel ist einfach süß. Mit dem pinkfarbigen Kleidchen und dem putzigen Zauberhut, sieht sie zauberhaft aus. Aber das Level 89 ist echt eine harte Nuss: Da gilt es diesmal zwölf Tiere aus Glaskugeln zu befreien, indem man mit bunten Seifenblasen in der richtigen Formation dagegen schießt. Wenn die Farben stimmen, zerspringen die Kugeln – und entlassen die eingeschlossenen Tiere in die Freiheit. Die Schwierigkeit: Der kleinen Hexe stehen nur 39 bunte Seifenblasen zur Verfügung. Wenn die alle sind, ist die Runde verloren. Es sei denn, man vernetzt sich auf Facebook mit anderen Nutzern oder kauft weitere Blasen im Onlineshop dazu.

Die Rede ist von *Bubble-Witch-Saga*, eines der Handyspiele, deren Marketingtexte meist mit der abgründigen Formulierung „Macht süchtig" aufwarten. *Candy-Crush-Saga, Angry Birds, Grand Theft Audio*, um nur einige zu nennen, sind solche Spiele. Drei Viertel des Umsatzes im App-Store von Apple, der zentralen Plattform, über die Apple-Kunden solche kleinen Programme einkaufen, wird mit derartigen Spielen erzielt. In Deutschland stieg der Umsatz für Spiele-Apps im ersten Halbjahr gegenüber dem Vorjahreszeitraum um 132 Prozent auf 114 Millionen Euro.

„Macht süchtig": In England klagen Frauen wegen dem Spielen von *Candy Crush* schon über Rückenprobleme. Ein Mann aus Taiwan ließ sich scheiden, weil die Frau den Haushalt und die Kinder vernachlässigte und sich bedingungslos den Handy-Games verschrieben hatte.

Dabei müssen es gar nicht die Spiele sein, die Jugendliche wie Erwachsene auf den kleinen Geräten in ihren Bann ziehen. Kleine Animationen, elegante Bedieneroberflächen und das Erstaunen, dass ein Smartphone über einen Kompass verfügt, reichen schon, um den *Homo ludens* in Begeisterung zu versetzen: der Mensch, der einfach Freude an Spielereien und Technik hat.

„Macht süchtig": In der Schlange vor dem Postschalter, gewissermaßen als Nachtisch in der Kantine, kurz vor Ende der Mittagspause oder im Wartezimmer beim Arzt: Dort, wo man einige freie Minuten hat, die man eigentlich mit Ruhe und Abschalten verbringen könnte, lassen wir uns von Spielen und den damit verbundenen neuen Aufgaben einspannen. Und ganz nebenbei auch von den Anfragen und Problemen, die gerade in der E-Mail-App auf den Bildschirm sickern. Vielleicht lesen Sie das Buch gerade in einer U-Bahn oder einem Zug. Schauen Sie sich ruhig einmal kurz um, wie viele Menschen mit ihrem Smartphone beschäftigt sind ...

Aufgaben in virtuellen Dschungelwelten erfüllen, Computerautorennen gewinnen und süße kleine Hexen unterstützen, ihre Freunde zu retten – das hat doch nichts mit der ständigen Erreichbarkeit zu tun? Doch.

Ich habe mich immer gefragt, warum das Mobiltelefon so einen hohen Stellenwert für die meisten von uns hat, obwohl es doch so stark mit Stress verbunden wird. Es gilt als Symbol für die ständige Erreichbarkeit und hat nebenbei einen hohen Unterhaltungsfaktor. Aber der Preis für die enge Beziehung, die manche mit dem kleinen Helfer und Pausenfüller eingehen, ist hoch. Wenn die kleine blaue LED aufleuchtet und anzeigt, dass eine Nachricht eingetroffen ist, bekommen einige direkt eine Stressattacke. Ach du liebes bisschen, jetzt heißt es schnell sein. Eine Antwort wird dringend erwartet, aber ich habe jetzt gerade gar keine Zeit zu reagieren. Was nun?

Wenn uns das Smartphone beruflich schon derart unter Druck setzt, dann könnten wir jenseits beruflicher Verpflichtungen einen großen Bogen darum machen. Aber dem ist nicht so.

Wir klagen über eine ständige Erreichbarkeit – und sorgen dennoch dafür, dass sich diese noch erhöht! Das ist doch eigentlich absurd.

Neben der Möglichkeit zu telefonieren, den E-Mail- und SMS-Funktionen ist *WhatsApp* in den letzten Jahren zum maßgeblichen Kommunikationskanal geworden. Ausgesprochen unkompliziert macht der Dienst den Austausch von Kurznachrichten, Filmen oder Fotos an einzelne Empfänger oder Gruppen möglich. Ende Dezember 2014 waren es weltweit 700 Millionen aktive Nutzer, die den Dienst nutzen. Laut einer Erhebung des Statistik-Portals verschicken WhatsApp-Nutzer im Monat durchschnittlich 1000 Nachrichten. Und sie erhalten durchschnittlich 2000 Nachrichten. Tag und Nacht. Sie sind ständig erreichbar.

Es macht dabei keinen Unterschied, ob es eine berufliche oder eine private E-Mail ist, die ich gerade erhalte. Die Störung ist da. Und sie ist gleich groß, egal ob mir ein Kollege signalisiert, dass ein Aktenvorgang nun für mich zur Bearbeitung freigegeben ist, eine von eBay automatisch generierte Nachricht mir mitteilt, dass in wenigen Stunden eine bestimmte Auktion ausläuft oder dass die Pullis einer speziellen Marke nun zum Sonderpreis erhältlich sind. Jede Nachricht reißt mich aus dem heraus, was ich gerade mache. In der Geschichte mit dem verkorksten Nachmittag und dem Telefonanruf, der mich aus der Bahn warf, war es ja auch ein rein privater Anruf – ganz ohne beruflichen Hintergrund. Und meine Stresskurve erreichte trotzdem in kürzester Zeit den Maximalpegel.

Ich bewundere Menschen, die es schaffen, täglich an die zwanzig verschiedene WhatsApp-Kanäle und -Gruppen mit Nachrichten, Bildern und kurzen Filmen zu bestücken. Dass sie es schaffen, jede Nachricht, die über dieses Nachrichtensystem eintrifft, zu beantworten. Man könnte sagen, dass sie die ständige Erreichbarkeit auf die Spitze treiben: Auf allen Kanälen voll ausgelastet. Und immer am Puls. Dort, wo so viel Energie aufgebracht wird, muss auch ein Wert herauskommen. Welcher? Diese Frage führt uns zurück zu den Handyspielen.

Krankheitsgewinn

Ein wesentliches Merkmal von Spielen ist, dass sie die Spieler untereinander vernetzten. Wer im Freundeskreis oder auf der ganzen Welt hat gerade die höchste Punktzahl erreicht? Wer hat die Runde am schnellsten absolviert? Das lässt sich leicht in Listen ermitteln. Jedes Level, das geschafft wurde, kann sich der Spieler auf Wunsch in seinem Facebook-Kanal anzeigen lassen. Und in der Welt jenseits der Bildschirme tauschen Jugendliche gerne aus, wie weit sie schon im Spiel gekommen sind – und mit welchen Tricks sich auch das schwerste Level knacken lässt.

Dahinter steckt ein sozialer Mechanismus: der Wunsch nach Zugehörigkeit.

Wenn sich jemand in einer Gruppe mit bestimmten inneren Haltungen und Überzeugungen oder äußerlichen Formen identifiziert und dies auch zum Ausdruck bringen kann, fühlt er sich dieser Gemeinschaft zugehörig. Gesten, sprachliche Wendungen, bestimmte Kleidung, all dies schafft ein solches Zugehörigkeitsgefühl. Und eben auch „Level 6 – das schaffen die wenigsten. Aber wir. Wir schaffen es." Ein Gefühl, das

Sicherheit gibt: „Ich gehöre zu denen. Oder: Auf die anderen aus meiner Gruppe kann ich zählen!" Der Einzelne ist nicht mehr isoliert, sondern Teil einer Gemeinschaft. Halt und Verlässlichkeit sind die Werte, die er dadurch erfährt. Ein Netzwerk von Gleichgesinnten.

Darauf beruht das Erfolgsprinzip von sozialen Netzwerken wie etwa *Facebook:* Menschen mit ähnlichen Interessen, Wünschen und Merkmalen treffen und vernetzen sich in Gruppen. Leidenschaftliche Fans von Highend-Stereoanlagen, *Tatort*-Begeisterte oder die Gemeinschaft, die sich für die Erneuerung der Neckarinsel in Tübingen einsetzt: Sie sind jeweils mehr als die Summe ihrer Teile oder die Anzahl ihrer Mitglieder. Die Gruppe gibt Zusammenhalt und das Gefühl, hier und jetzt am richtigen Platz zu sein.

„Deine Freunde haben schon länger nichts mehr von dir gehört", so eine Nachricht erhält derjenige *Facebook-Nutzer,* der sich länger als drei Wochen nicht mehr im sozialen Netzwerk aufgehalten hat. Als ich die Nachricht das erste Mal las, musste ich schmunzeln. Raffiniert wird hier mit der subtilen Angst gespielt, aus Freundeskreisen oder sozialen Zusammenhängen herauszufallen.

Evolutionsbiologisch gesehen erhöht die Zugehörigkeit zu einer Gruppe die Überlebenschancen. In der Gemeinschaft kommt man sicherer durchs Leben und meistert Gefahren besser. Fällt man aus der Gemeinschaft heraus, bedeutet das eine existenzielle Bedrohung.

Das Fiese: Allein das Risiko, dass ich aus der Gruppe ausgeschlossen werden könnte, beeinflusst schon mein Verhalten. Die Möglichkeit, dass ich demnächst nicht mehr zugehörig bin, übt eine subtile Macht aus. Deshalb funktioniert die Formulierung „deine Freunde haben schon länger nichts mehr von dir gehört" so gut – sie ist schlichtweg die Aufforderung, wieder etwas für die Zugehörigkeit zu tun. Ansonsten fliegt man eben raus. Ein wirkungsvoller Erpressungsversuch.

Kommen wir wieder zum beruflichen Kontext. Dort ist Zugehörigkeit ebenso ein Wert, der uns antreibt. Die gemeinsamen Ziele in einem Unternehmen, die Identifikation mit einer bestimmten Abteilung oder dem hochgelobten Projektteam. All das vermittelt mir Sicherheit. Und es zeigt mir, dass ich gebraucht werde.

Wenn meine Kollegen oder der Vorgesetzte versuchen mich zu erreichen, dann heißt das für mich: Ich werde gebraucht, ich bin Teil einer Gruppe, gehöre dazu. Ein hoher Wert, der sich aktiv einstellt, wenn ich tatsächlich angerufen oder mit einer Nachricht kontaktiert werde. Es gibt auch eine passive Seite: indem ich mich jederzeit erreichbar mache. Die Gruppe kann auf mich zählen, mich einbinden, wenn sie mich braucht. Ich bin erreichbar – und damit Bestandteil eines größeren Ganzen.

Das meine ich mit selbst gewähltem Leiden. Ständige Erreichbarkeit ist der Preis, den der Einzelne bezahlt, um *dabei* zu sein. Privat wie beruflich. Die Medizin und die Psychologie hat dafür den Begriff Krankheitsgewinn: Der Einzelne nimmt ein Leiden oder eine Krankheit in Kauf, weil er sich dadurch einen Vorteil verschafft. Zum Beispiel den, beachtet und bemitleidet zu werden oder eine Zeit lang zu Hause allein sein zu können und nicht zur Arbeit gehen zu müssen.

Die ständige Erreichbarkeit ist ein notwendiges Übel. Und nicht zwingend die Ursache, dass es uns schlecht geht. Sondern absurderweise eher der Garant, dass es uns einigermaßen gut geht. Weil sie dem Einzelnen zeigt: Er wird gebraucht und gehört dazu.

Zwickmühle

Mir ist klar geworden, dass das Phänomen der ständigen Erreichbarkeit *tatsächlich* mit Stress zu tun hat. Nämlich dass derjenige, der bei seinen Arbeiten unterbrochen wird, genervt reagiert. Dass es zu Situationen kommt, in der Menschen Ohnmacht und Hilflosigkeit empfinden – nämlich dann, wenn sie mit Aufgaben konfrontiert werden, die sie nicht umsetzen können, weil sie gerade am falschen Platz sind. Solche Situationen wünsche ich niemandem.

Aber es führt uns nicht weiter, deshalb die ständige Erreichbarkeit abzuschaffen und darauf zu warten, dass nun alles gut ist.

Denn die ständige Erreichbarkeit ist ja nicht die *Ursache* von Stress. Es besteht kein kausaler Zusammenhang. Sonst könnte man ja auch einfach sagen, dass allein die Existenz von Schokoriegeln dazu führt, dass manche Menschen an Übergewicht leiden.

Wenn die permanente Erreichbarkeit die Ursache von Stress wäre, dann würden wir ja auch nicht noch privat nachlegen und dafür sorgen, dass wir niemals unter Langeweile leiden. Und wir müssten das Gefühl von Zugehörigkeit nicht mit einem so hohen Preis bezahlen.

Die Geschichte, woher denn eigentlich der Stress kommt, den wir tagtäglich zu bewältigen haben, ist noch nicht zu Ende. Sondern sie fängt erst an. Und führt uns direkt zu uns – und unserer Persönlichkeit.

Kapitel 4

Alles zu meiner Zeit

Eigentlich wollte ich an diesem Freitagnachmittag nur schnell in den Drogerie-Markt, um Sonnencreme und Shampoo zu kaufen. Zwei Tuben Zahncreme und sicherheitshalber auch noch eine Packung Windeln, Größe 4 standen auf dem Zettel – meine Tochter hatte sich mit dem Enkel zum Wochenendbesuch angemeldet, da wollte ich auf Nummer sicher gehen. Es sollte ein kleiner und schneller Einkauf werden – und dann konfrontierte mich ein mannshohes Plakat mit der Frage: *„Was bedeutet ideale Haut für Sie?"*

Meine erster Gedanke: Ist doch egal, oder? Ich muss doch nicht auf jeden Marketingimpuls reagieren, den man mir in den Weg stellt. Doch während ich durch die Gänge lief, ertappte ich mich selbst dabei, wie ich über meine Hände strich und die Haut auf meinem Unterarm musterte. *„Was bedeutet ideale Haut für Sie?"* – die Frage hatte sich in mir festgebissen. Aber ich wusste einfach keine Antwort darauf. Stattdessen nagte in den nächsten Stunden an mir das Gefühl, dass ich vielleicht doch zu oberflächlich und gleichgültig durchs Leben gehe. Wahrscheinlich müsste ich mir einfach mehr Gedanken machen.

Spießrutenkauf

Braucht es beim Deo den 48-Stunden-Schutz oder reicht die 24-Stunden-Variante? Spray oder Roller? Sensible Haut oder normale? Wenn wir heute in einen Supermarkt gehen, erwarten uns je nach Größe des Ladens bis zu 25 000 Artikel in den Gängen. Allein das Joghurtregal kann schon mal locker mehr als 100 verschiedene Produkte umfassen. Die Komplexität erhöhen zudem noch die unterschiedlichen Geschmacksrichtungen. Mirabelle, Maracuja oder Mandel-Orange? Vielleicht doch lieber eine Quarkspeise mit Fruchtbeilage? Das eine kenne ich überhaupt nicht. „Sorte des Jahres" – sieht vielversprechend aus, ist aber teurer als die meisten anderen Joghurts.

Jedes Produkt buhlt um unsere Aufmerksamkeit – und verlangt von uns vor allem eines: eine Entscheidung. Nämlich das Produkt zu kaufen. Oder eben nicht.

Wir haben eine unheimlich große Freiheit, unseren Einkaufswagen so zu füllen, dass am Ende alles auch garantiert unseren Geschmack trifft. Denn das immense Angebot garantiert: Die Chips, die wir wählen, passen hundertprozentig zu uns, das Olivenöl füllt genau die Lücke für unseren Anspruch zwischen „mild" und „charaktervoll". Und dank der Frage „Welcher Bohrmaschinen-Typ sind Sie? Machen Sie den Test!" können wir den Baumarkt letztlich mit genau dem Gerät und Bohrer-Set verlassen, das unseren Vorstellungen und Anforderungen entspricht. Auf den Punkt gebracht steckt hinter all diesen einzelnen Entscheidungen nicht weniger als die Abschaffung von Kompromissen. Jeder findet passgenau das, was er sich wünscht. Und muss sich nicht mit halbseidenen Lösungen zufriedengeben.

Für jeden Bedarf gibt uns die Konsumgüterindustrie mit ihrem reichhaltigen und einem nahezu unüberschaubaren

Angebot eine passende Antwort. Und auf eine solche Individualität setzen ganze Geschäftsmodelle. Wie beispielsweise das von *MyMuesli:* Der Kunde kann im Internet eine von 15 Müsligrundzutaten wählen und mit 21 anderen Produktkomponenten aus der sogenannten *Basis-Verfeinerung* kombinieren. Dann warten noch zusätzliche Erweiterungsmöglichkeiten aus Früchten, Nüssen und Kernen auf ihre Entdeckung – die Anzahl der Optionen liegt jeweils im zweistelligen Bereich. Und schließlich gibt es natürlich noch „Extras" wie Apfel-Zimt-Curry oder Corn-Crisper. Nicht nur für Müsliliebhaber ist das ein gefundenes Fressen, sondern auch für Mathematiker, die hier genüsslich die Anzahl der Kombinationsmöglichkeiten durchrechnen können... Für jeden Geschmack das Richtige. Für jede Figur das Passende. Für jeden Typ das ideale Produkt. Da bleiben keine Wünsche offen.

Erfüllung pur, oder? Leider nein. Denn sonst müssten die USA als das Land, in dem die großen Supermärkte erfunden wurden, zum Glücksparadies erklärt werden. Und alle Menschen, die gerade mit vollen Einkaufswägen aus dem Laden auf den Parkplatz strömen, würden ein tief entspanntes Lächeln zeigen. Das ist leider ein höchst seltener Anblick.

Klar, man könnte jetzt sagen, dass uns das Überangebot an Waren in eine chronische Entscheidungsphase drängt: Dauernd wird von mir verlangt, eine Wahl zu treffen und mich auf das eine Produkt festzulegen und das andere auszuschließen. Und das nostalgische Argument des Weniger-ist-mehr kommt einem wirklich leicht über die Lippen, wenn man den Einkaufswagen zwischen den hohen Supermarktregalen manövriert. Zu verlockend ist das Angebot.

Man könnte auch anführen, dass die Wirtschaft überhaupt erst dafür sorgt, dass der Verbraucher plötzliche Wünsche hat, die über seinen tatsächlichen Bedarf weit hinausgehen. Da reicht nicht mehr die einfache Butter, da muss es nunmehr irische, spanische oder „die leichte" Sorte sein. Dass er mit dem Kauf letztlich Bedürfnisse befriedigt, die er ohne die vorherige Suggestion („du darfst", „du brauchst", „du musst") und verschiedene andere werbliche Reize eigentlich gar nicht hatte. Und dass er mit dem Kauf von bestimmten Produkten eine kurzfristige Zufriedenheit erlangt, seine wahren Wünsche aber letztlich nicht erfüllt werden. Das Glücksgefühl ist von kurzer Dauer.

All das verursacht Stress. Ich möchte aber das Problem auf einer tieferen Ebene angehen.

Das letzte Kapitel hat gezeigt: Wenn wir auf der Ebene des Problems suchen, um eine Lösung zu finden, suchen wir vergeblich. Auch in der Systemtheorie, die oft zur Entwicklung von Organisationsstrukturen oder zur Erklärung von Zusammenhängen in Arbeitsgruppen herangezogen wird, gibt es den Grundsatz, dass Lösungen nicht auf derselben Ebene wie das Problem zu finden sind, sondern eine oder mehrere Ebenen darüber oder darunter. Man sagt umgangssprachlich, dass man gar nicht erst an den Symptomen „rumdoktern" braucht. Also: Wenn wir die ständige Erreichbarkeit abschaffen, weil sie uns Stress bereitet, ist damit der Stress noch nicht beseitigt.

Damit das deutlicher wird, führe ich ein Beispiel an: Wenn ein Auszubildender morgens oft zu spät zu seinem Fliesenlegerbetrieb kommt, liegt das erst mal daran, dass er zu spät aufsteht. Oder anders formuliert: dass er zu lange schläft. Die Lösung für das Problem ist allerdings nicht um 6.10 Uhr zu suchen oder gar an der Lautstärke des Weckers festzumachen. Sondern am Abend zuvor, wo sich der Auszubildende wieder von seinen Kumpels hat überreden lassen, nach dem Kinobesuch doch noch in den Irish Pub mitzukommen. Und dann auch noch auf ein drittes Bier zu bleiben. Das Problem zeigt sich am Morgen – die Lösung liegt im Verhalten am Vorabend.

Problem und Lösung liegen auf unterschiedlichen Ebenen. Damit wir also die Frage beantworten können, woher denn eigentlich der Stress kommt, unter dem wir leiden, müssen wir das Ganze grundlegender angehen. Und uns fragen: Wie gehen wir eigentlich mit unserem Leben um? Und der Suche nach dem, was uns erfüllt. Auf welchen Wegen versuchen wir, unser Glück zu finden?

Genug vom Besten

„Kinderwunsch auf Eis gelegt" oder *„Gefroren, um zu bleiben"* – für die Presse war es ein Topthema im Oktober 2014, als die Firmen *Facebook* und *Apple* ihren weiblichen Mitarbeitern anboten, ein Kontingent ihrer Eizellen einfrieren zu lassen. Zu einem späteren Zeitpunkt können die Zellen, aus dem Kälteschlaf geweckt, im Labor befruchtet und schließlich der Spenderin eingepflanzt werden. *Social Freezing* lautet der Fachbegriff dafür. Die Kosten für den Eingriff und das gesamte medizinische Management würden die Unternehmen tragen – und hätten im Gegenzug die Möglichkeit, mit ihren Mitarbeiterinnen den optimalen Zeitpunkt für die Schwangerschaft und die spätere Betreuung der Kinder auszuhandeln. Einen Lebensabschnitt, der sich quasi passgenau in die Musterkarriere einer perfekten Mitarbeiterin einfügt.

Da schwingt ein Hauch von Aldous Huxleys Roman „Schöne neue Welt" mit. Die Artikel in den Medien haben vornehmlich die Frage aufgegriffen, ob Firmen denn die Familienplanung ihrer Mitarbeiter mitbestimmen dürfen. Und ob dabei nicht

Mütter, die auf „normalem" Wege Kinder zur Welt bringen wollen, auf der Karriereleiter abgehängt werden. Oder ob denn hier überhaupt noch von Selbstbestimmung die Rede sein kann.

Was mich selbst am *Social Freezing* fasziniert hat, war die Vorstellung, welche Möglichkeiten uns heute offen stehen, um unser Leben so zu gestalten, dass es genau unseren Erwartungen entspricht. Das geht weit über allerlei reizvolle Konsummöglichkeiten, wie der bereits genannten individuell-richtigen Müslimischung, dem perfekten Handy-Schutzhüllen-Design mit eigenen Fotos oder der Frage nach dem passenden Deo, Shampoo oder Duschgel hinaus. Der Einzelne kann inzwischen über die Abfolge von Lebensabschnitten selbst entscheiden. Paare können abwägen und bestimmen, in welcher Lebensphase welche Schwerpunkte sie in ihrem Leben setzen wollen. Ob in nächster Zeit die Karriere, ausgedehnte Reisen oder eben Schwangerschaft und Kinder die Hauptrolle in ihrer Beziehung spielen sollen. Vorbei ist das Dogma, dass ein Kinderwunsch bei Frauen jenseits der 40 passé ist. Man hält die Zukunft und den Nachwuchs frisch, tiefgekühlt bei minus 196 Grad.

Biologische Grenzen? Scheinen überwunden: Künstliche Knie- und Hüftgelenke machen manchen Endsechziger noch mal richtig fit, mit Viagra klappt es im Bett länger und besser. Vorboten einer neuen Zeit. Und ich bin überzeugt: Wir werden noch viel mehr Freiheit und Wahlmöglichkeiten durch die Medizin bekommen. Die Freiheit, unser Leben so zu gestalten und Entscheidungen zu treffen, wie wir leben möchten, war noch nie so groß wie heute.

Mir ist klar, dass bislang nur ein verschwindend kleiner Bruchteil von Kindern in Deutschland aus den Tiefkühlschränken eines *Social Freezing* den Weg ins Leben gefunden hat. Und mir ist auch bewusst, dass Viagra nicht in jeder Hausapotheke herumliegt. Dennoch zeugen solche Möglichkeiten, dem Leben auf die Sprünge zu helfen, von einer ganz spezifischen Haltung, die uns mehr beeinflusst, als wir erahnen. Was geht da vor sich? Die Antwort hat mit Stühlen zu tun. Ja, mit Stühlen.

Suche Biobauernhof in der Stadt mit perfekter Aussicht

Ganz sicher haben Sie solche Bilder schon gesehen und vielleicht auch beim Lesen gleich vor Ihrem inneren Auge: Eames-Miller-Stühle. Keine Ausgabe von *Schöner Wohnen* kommt ohne ein Foto mit einem dieser Stühle aus; am besten betont beiläufig platziert. Bei den Fußgestellen gibt es eine große Auswahl: Die *Dowel Base* kommt mit Holzbeinen wahlweise in hellem Ahorn oder dunklem Nussbaum daher, die *Eiffel Base* ist dagegen aus Metall und erinnert ein bisschen an das Pariser Wahrzeichen. Unverkennbar sind die Sitzschalen, in Fachkreisen *Shells* genannt – Rückenlehne und Sitzfläche sind aus einem Stück gefertigt, ergonomisch und anmutig geformt. Design-Ikonen, die in den 50er-Jahren in den USA aufkamen und lange Zeit nicht nur das Erscheinungsbild von Schulhallen oder Museen prägten, sondern mit ihrer charakteristischen Form und einer selbstbewussten Farbpalette – sogar ein Korallenrot war dabei – auch Privathaushalte eroberten. Damals wie heute.

Allerdings muss man aufpassen.

Denn wer das Ganze zu oberflächlich betrachtet, nicht gründlich hinsieht und dann zu schnell eine Kaufentscheidung trifft, holt sich mitunter ein neueres Modell ins Haus, das nicht aus dem original Fiberglas, sondern aus Polypropylen gefertigt ist. So ein Stuhl kostet zwar immer noch mehr als 340 Euro, entlockt aber den zur Einweihung der neuen Stuhl- und Stil-Ikonen eingeladenen Gäste kein bewunderndes „Wow!", sondern allenfalls ein lauwarmes „Aha". Die Idee, die Wohnung mit einer echten Vintage-Ikone zu adeln, geht nach hinten los. Knapp vorbei ist auch vorbei. Das gilt für verschossene Elfmeter genauso wie für die falsch ausgesuchten Eames-Miller-Stühle.

„Besserbürger" – den Begriff hat der ZEIT-Redakteur Matthias Stolz für Menschen eingeführt, die nicht nur ein gutes Leben haben wollen. Sondern ein besseres. Sie haben einen ausgesprochen distinguierten Geschmack; um einen ganz bestimmten Nussknacker aus einer kleinen französischen Werkzeugmanufaktur zu ergattern, sitzen sie auch schon mal bis spät in die Nacht vor dem heimischen Rechner. Mit der Frage: Wer könnte so etwas beschaffen? Oder sie verlieren sich in Foren und Wikipedia-Einträgen, um sich ein solides Basiswissen in Zahnpasta- und Waschmittelfragen zu erarbeiten. Eine Süßkartoffel einfach so im Biomarkt kaufen? Vorsicht – nicht dass es am Ende ein fades Geschmackserlebnis wird und doch nicht die Sorte mit dem intensivsten Aroma ist. Also am Vorabend schnell noch im Internet einen Grundkurs in Sachen Kartoffeln machen und ein kundiger Kenner werden.

Die Menge an Zeit, die für die Recherche und das Auseinandersetzen mit verschiedenen Angeboten aufgewendet wird, möchte ich hier gar nicht mitrechnen. Nur so viel: Manche kommen kaum noch zu etwas anderem, als sich quasi für alle Lebenslagen schlau zu machen. Reichlich Geld fließt für die Anschaffung exklusiver Türgriffe oder die feinen Kaffeeschalen aus der Amsterdamer Töpferei. Porto nicht vergessen. Doch das sind alles Nebenschauplätze. Entscheidend ist anderes.

Zwei Grundbewegungen bestimmen die Haltung und das Handeln der *Besserbürger:* Zum einen die Überzeugung, dass guter Geschmack das Leben reicher und wertvoller macht. Und zum anderen die Angst, nur das Zweitbeste, das Zweitschönste oder die zweite Reihe einer Auswahl stilprägender Produkte zu erwerben. Damit ist der Möbelkauf nicht mehr eine Samstagvormittagangelegenheit, sondern presst den Einzelnen in die Rolle eines Kurators für die eigenen vier Wände. Einer Wohnung, die einer perfekt gestalteten Ausstellungsfläche gleicht. Geschmack ist gefragt. Und Expertise. Sonst geht es am Ende vielleicht schief – wie bei den Eames-Stühlen aus Polypropylen. Sie machen den oberflächlichen Käufer unglücklich. Um das Beste zu bekommen, muss man sich einfach überall exzellent auskennen. Das ist Fakt. Übrigens denke ich, dass ich genau diese Angst hatte, als ich bei der Frage auf dem Poster in der Drogerie ins Grübeln kam – „Was bedeutet ideale Haut für Sie?" Die Frage kam bei mir an wie ein Vorwurf: Du hast dir noch nicht ausreichend Gedanken gemacht! Und du gehst einfach zu oberflächlich durch die Welt.

Sicher, die Fragen nach Fiberglas oder Polypropylen, nach Süßkartoffelaroma mit farbigem oder muffigem Nachgeschmack erscheinen leicht weltfremd; allerdings beginnt der beschriebene Mechanismus nach dem Motto „Da geht noch was. Es muss etwas Besseres geben!" bereits dann, wenn man nach dem Buchen eines Wanderurlaubs im Elbsandsteingebirge doch noch einmal beginnt im Internet zu stöbern. Wären die Angebote in der Fränkischen Schweiz nicht vielleicht doch attraktiver gewesen? Schönere Pensionszimmer, größere Frühstücksgedecke auf den Fotos, auch die Wiese vor dem Haus wirkt im Bild irgendwie frischer. War es eine vorschnelle Wahl, am Ende eine Fehlentscheidung? Oder wir stehen mit unserer Skibox vor dem Gartentor und befragen den

Nachbarn, wie er mit seinem Modell zufrieden ist. Das stand auch zur Wahl – wir haben uns letztlich dagegen entschieden. Aber das Teil, das der Nachbar gerade eben aus seiner Garage getragen hat, wirkt leichter und dabei stabiler als unser grauer Kasten. Es ist kein Zufall, dass Vergleichsportale wie *check24, financescout24.de* oder *getestet.de* gerade aus dem Boden schießen – weil sie eine enorme Nachfrage erfahren.

Dahinter steht die Überzeugung: Wenn ich schon so viele Wahlmöglichkeiten habe und mich entscheiden kann, dann bitte auch für das Beste, das Schönste und das mit dem besten Preis-Leistungs-Verhältnis. Eine solche Entscheidung will gut vorbereitet sein. Und sie muss getroffen werden.

Hier gibt es eine wichtige Parallele zum *Social Freezing* bzw. dem Bedürfnis, seinen Lebenslauf so fundamental bestimmen zu können: Man möchte das bestmögliche Leben leben. Eines ohne Kompromisse. Das vollkommen der Vorstellung entspricht, die ich von meinem Dasein habe. Der Traum vom perfekten Leben.

Das kann ich im Wesentlichen verstehen: Auch ich will mein Leben selbst bestimmen und gestalten können. Allerdings hat sich dieser Wunsch – dieser Anspruch – inzwischen derart verselbstständigt, dass man ihm kaum mehr ausweichen kann. Woran das spürbar ist, zeige ich am Beispiel einer alltäglichen Redewendung.

Schachcomputer

„Das hat Sinn!"
„Das macht Sinn!"
Zwei kurze Sätze, die nahezu gleich aussehen. Beides Aussagen mit je drei Worten. Nur eines davon ist unterschiedlich.

Welcher Wendung begegnen Sie im Alltag öfter? Ich habe es einige Tage getestet – das Ergebnis? Ganz klar: „Das *macht* Sinn!" Achten Sie mal eine Weile darauf, wie es bei Ihnen ist. Wetten – „das hat Sinn", diese Redewendung kommt ihnen kaum über die Lippen. Früher war dies einmal anders. Ich habe die Verschiebung länger beobachtet. Seit ein paar Jahren ist die Formulierung „Das hat Sinn!" am Aussterben. „It makes sense!" war sicher der englisch-amerikanische Pate, um die Wendung mit dem „macht" überhaupt nach Deutschland zu holen. Um eine solche Verschiebung im Sprachgebrauch derart schnell und flächendeckend zu vollziehen, bedarf es allerdings mehr als die Coolness des *Marlboro-Manns*. Vielmehr offenbart sie uns einen grundlegenden Zug, den wir praktisch als Beifang im Netz mit den neuen Möglichkeiten, unser Leben zu gestalten, bekommen haben.

Das macht Sinn!

Wenn Sinn erst *gemacht* werden muss, dann heißt das, dass er vorher noch nicht da war. Dass die Dinge bislang noch nicht sinnvoll waren. Eher roh und unbehauen. Letztlich unbrauchbar – und alles andere als gut: *Sinnlos* eben. Indem wir etwas dazu bringen, „Sinn zu machen", führen wir Struktur und Logik ein, schleifen – um im Bild zu bleiben – das Krumme und Rohe gerade.

Wenn Sie einen Blick auf Studienpläne der Universitäten werfen, erkennen Sie diesen Gedanken, Klarheit und Ordnung zu schaffen, gleich wieder: Alles ist durchstrukturiert. Ein feines Raster von Seminaren und Vorlesungsmodulen, das den Studierenden einen optimalen Weg zum Abschluss aufzeigt. Beinahe hätte ich „aufzwingt" geschrieben. Freie

Zeiten: Bloß nicht! Und Studierende, die auch mal in andere Studiengänge hineinschnuppern möchten: Keine Chance! Denn wenn jedes Semester ein perfektes Timing und eine ordnungsgemäße Belegung von Seminaren erfordert, gibt es so gut wie keine Umwege. Optimal bedeutet in diesem Zusammenhang übrigens möglichst schnell. Fertig werden, den Abschluss schaffen, die Arbeit aufnehmen. Die Frage, ob Geschwindigkeit beim Studium als gültiger Maßstab für Qualität gelten kann, lasse ich besser unbeantwortet... Auch die Frage: Macht das alles Sinn, so wie es ist?

Aber wir brauchen gar nicht nur auf die Hochschulen, den Schulbetrieb oder unsere Arbeitsplätze zu schielen. Die Sinnfrage stellt sich nahezu permanent für jeden – und wenn wir selbst die Frage nicht auf den Lippen haben, ruft sie uns ein anderer zu.

Einige Beispiele aus dem Alltagsfundus:

„Das macht doch keinen Sinn! Wenn du schon zum Großmarkt fährst, dann kannst du doch auch gleich noch beim Tierfutterladen vorbeifahren. Und auf dem Rückweg beim Bäcker und beim Metzger..."

„Das wird mir aber jetzt zu viel..." Solche Antworten sind nicht das, was das Gegenüber jetzt von uns erwartet. Also beugen wir uns dem Diktat.

Oder: „Wenn wir uns schon treffen, dann können wir doch gleich noch die Planung für die nächsten Wochen durchgehen." Ein verhaltenes „Ich dachte mehr so an ein zwangloses Zusammensein" trifft auf ungläubige Blicke.

Beliebt ist auch der Satz: „Wenn ich schon mal hier bin..." Meist leitet er ein größeres Vorhaben ein, etwas, was die Vorstellungskraft des anderen in Sachen Zeitgestaltung bei Weitem übersteigt.

Die Haltung, dass Sinn erst *gemacht* werden muss, führt uns dazu, dass wir kaum eine Minute ungenutzt lassen.

- Die acht Minuten am Bahnsteig, bevor der Zug eintrifft: *„Das wäre doch sinnlose Zeit, wenn ich einfach mal einem Tagtraum nachgehe. Was für eine Verschwendung! Ich check besser mal die Mails auf dem Smartphone."*

- Das Wochenende, an dem im Familienkalender noch keine Wanderung, kein Schulfest oder ein Treffen mit Freunden eingetragen ist: *„Kann doch nicht sein! Dann fahren wir besser in den Europa-Park. Und die Garage räumen wir am Sonntagabend auf."*

- Die Freitagnachmittage im Büro, an denen alles besser von der Hand geht als sonst. Eigentlich könnte man früher als sonst Schluss machen. Dann meldet sich das schlechte Gewissen: *„Na ja, auch wenn ich schon lange mal wieder einfach so durch die Innenstadt bummeln wollte; ich arbeite doch besser schon mal für Montag vor. Dann habe ich einen Vorsprung."*

- Der vorletzte Urlaubstag in Rom, für den noch keine Sehenswürdigkeit eingeplant wurde. Jetzt könnte man einfach mal durch ein paar verwinkelte Gassen laufen, sich treiben lassen – aber soll man den kostbaren Urlaubstag derart vertrödeln?

Die Jagd nach dem bestmöglichen Leben hat uns nicht befreit. Sondern zu Getriebenen gemacht. Das heißt konkret: Wir lassen ungenutzte Zeit nicht mehr zu – weil sonst wäre es ja sinnlose Zeit. Diese Form der Sinn-Diktatur beeinflusst uns nicht nur im Moment und im Blick auf die nächsten Tage, sondern auch in der Gesamtperspektive auf unser Leben: Wer die Möglichkeit hat zu planen, welche Lebensphase ideal ist, um Kinder zu bekommen, wann ein Hauskauf ansteht oder in welchem Turnus ein Ortswechsel guttut, der sollte auch dafür sorgen, dass das alles richtig geplant ist. Und zeitlich perfekt terminiert.

Vielleicht ist für uns deshalb auch das Lebensgefühl der Hippies in den 60er-Jahren so mit Sehnsucht aufgeladen: Einfach mal losfahren, einfach in den Tag oder gar ins Leben hineinleben – das ist heute kaum denkbar. Denn ein Leben, das unter der Sinn-mach-Diktatur steht, darf keine ungeplanten Zeiten und Abschnitte haben. Darf nichts offenlassen. Alles, was ungestaltet ist, könnte als „sinnlos" betrachtet werden, als wertlose Zeit.

Das kann wahnhafte Züge annehmen: Wenn ich nicht ständig das Beste aus jeder Situation oder jeder Minute mache, habe ich mich nicht genug angestrengt. Wenn ich nicht das beste Urlaubsdomizil entdeckt habe, das beste Preis-Leistungs-Verhältnis, die nachhaltigste Lösung gefunden habe – dann bleibe ich auf der Strecke.

Daraus ergibt sich für den Einzelnen: Er muss sich um alles kümmern. Ein solcher Gedanke drängt uns in die Rolle, dass wir in sämtlichen Fragen zu Sachverständigen werden: Welcher Kfz-Motor wird auch in fünf Jahren noch die passende EU-Norm erfüllen? Sollen wir dem Haus eine dicke Wärmeisolierung geben oder doch besser auf den Hinweis des Feuerwehrverbands achten, dass gedämmte Fassaden im Brandfall kaum zu löschen sind? Ist die Grundschule mit dem guten Ruf am anderen Ende der Stadt die richtige für unser Kind – oder doch besser die Schule, die gleich in unserem Wohngebiet liegt? Soll ich jetzt schon mit der Altersvorsorge starten oder erst in vier Jahren? Und: Ist Riester überhaupt ein gutes Modell? Besser wir melden unser Kind schon mal bei der Kita an – wer weiß, ob wir überhaupt einen Platz bekommen, wenn es dann auf der Welt ist. Die Sorge treibt uns um.

Und die Möglichkeit, Dinge in die Hand zu nehmen und das Leben zu gestalten, führt den Einzelnen subtil in die Pflicht, nichts unbestimmt zu lassen.

Ich wundere mich immer wieder, wenn mir die Prospekte der Versicherungen in die Hände fallen, die Eltern Ausbildungsversicherungen für ihre Kinder verkaufen wollen. Sie versprechen, irgendwann in fünf, zehn oder fünfzehn Jahren für Glück zu sorgen, wenn sich dann für den Nachwuchs tatsächlich kein Ausbildungsplatz finden lässt. Oder wenn junge Paare erklären, dass sie dann in zwei Jahren bestimmt Kinder bekommen – mit der vollen Überzeugung, dass es dann auch gleich klappt mit dem Kinderwunsch. Wenn sich Empfängnis und Fruchtbarkeit ausschalten lassen, dann wird man sie ja wohl auch einfach so wieder anschalten können.

Alles scheint durchgeplant und genau festgelegt zu sein. Und auch irgendwie durchschaubar: Karriere, Partnersuche, Heirat, Hausbau, Kinder. So als ob das Leben ein Schachspiel wäre, bei dem sich jeder Zug im Voraus berechnen lässt – und bei dem der Spielführer die ideale Partie aufs Brett bringt. Aber das Leben ist nicht schwarz und weiß. Es ist viel bunter und vielfältiger, als wir es uns je vorstellen können.

Überraschung nach Plan

6.48 Uhr: „Bitte zieh schon mal den Pullover und die Hose an."
6.52 Uhr: „Nein, jetzt ist nicht die Zeit für Playmobil."
6.55 Uhr: „Jetzt zieh dich endlich an."
7.01 Uhr: „Wirklich, heute kein T-Shirt. Sondern den roten Pullover."

7.09 Uhr: „Super, dass du jetzt fertig bist fürs Frühstück. Jetzt aber schnell, wir sind knapp dran."
7.18 Uhr: „Räum doch bitte die Müslischale in die Küche. Und dann ab, Zähneputzen!"
7.20 Uhr: „O nein, du hast ja die Zahnpastatube komplett auf deine Kleidung ausgedrückt!"

Wenn Pläne scheitern ist das eine bittere Erfahrung. Für das Wirtschaftsunternehmen, das in einem neuen Marktsektor expandieren wollte und dabei gescheitert ist, gilt das ebenso wie für den verpatzten Zeitplan beim Einzug in den Neubau. Oder für den Motorradfahrer, der einen Tag vor seiner lange geplanten und heiß ersehnten Alpentour unglücklich auf der Treppe ausrutscht, stürzt und sich das Handgelenk bricht. Oder eben für das Kind, das am Morgen kurz vor dem Aufbruch in den Kindergarten mit Nachdruck dafür sorgt, dass wirklich nichts klappt.

Eine meiner Kursteilnehmerinnen berichtete von ihrer Tochter, die noch bis ins Grundschulalter hinein spannende Dialoge zwischen Zahnbürste und Zahnpastatube geführt hat, während sie selbst händeringend im Flur hin und her lief. Noch bevor die Frau überhaupt auf ihrer Arbeitsstelle eintraf, war sie total gestresst. Und nach dem vierten Mal Zuspätkommen zum Jour fixe um acht Uhr machten sich die Kollegen gar nicht mehr die Mühe, die kleinen Lästereien vor ihr zu verbergen. Das machte sie endgültig fertig – und zwar nicht, weil sie den Unmut der Kollegen auf sich zog. Sondern weil sie an sich selbst und ihrer Fähigkeit zweifelte, den Tagesbeginn vernünftig zu planen und strukturiert mit dem Kind umzugehen.

Dass Pläne nicht aufgehen, ist zu wahr, um schön zu sein. Und einfach alltäglich. Sicher mithilfe der Tipps von Zeitmanagement-Gurus lässt sich die Agenda konzentrierter strukturieren, ein gutes Projektmanagement sorgt für eine bessere Kommunikation und Zusammenarbeit der Teammitglieder. Und in der Beziehung sorgt der eingespielte Ablauf, dass der Frühaufsteher-Partner das Frühstück macht, während der andere noch unter der Dusche steht – und am Abend der Nachtschwärmer-Partner dafür noch die Spülmaschine ausräumt, während der andere schon im Schlafanzug ist, für Routine und Verlässlichkeit.

Doch bei aller Routine: Es ist eine Illusion zu glauben, alles verläuft so, dass es sich letztlich doch noch in irgendeinen Plan oder ein Schema pressen lässt. Da endet der jährliche Gesundheitscheck nicht mit dem üblichen Handschlag des Hausarztes, sondern mit den Worten „Ihre Blutwerte zeigen Abweichungen, die muss ich erst noch vom Labor genauer überprüfen lassen" – von einem Moment zum nächsten ist die Welt eine andere.

Jetzt sind wir an einer Stelle angelangt, wo zwei Gedanken aufeinandertreffen: Auf der einen Seite das Versprechen, dass man sich den Lauf der Dinge und das eigene Leben so gestalten kann, wie man es gerne hätte. Was als Möglichkeit begann, hat sich leider in eine Pflicht verkehrt: Wir müssen Experten in allem werden. Und alles bestimmen.

Und auf der anderen Seite die ernüchternde Erfahrung, dass sich unser Leben nicht in Pläne oder Schubladen pressen lässt. Auch wenn sie intensiv versuchen, den Lauf der Dinge im Detail zu beschreiben und selbst wenn alle Prognosen auf vernünftigen Expertisen und plausiblen Einschätzungen beruhen: Niemand kann damit rechnen, wie seine Zukunft genau aussehen wird. Prognosen, die auf der Annahme beruhen, dass Dinge in der Vergangenheit auch in der Zukunft genauso laufen müssen, bieten keine Sicherheit. „Schwarzer Schwan" nennt der Publizist und Börsenhändler Nassim Nicholas Taleb dieses Phänomen in seinem gleichnamigen Weltbestseller: Nur weil fast alles Schwäne auf der Welt weiß sind, bedeutet dies keinesfalls, dass man nicht auch einmal auf einen schwarzen Schwan treffen kann. Die Zukunft ist unberechenbar. Jeder Versuch, hier für Planungssicherheit zu sorgen, führt nur zu einem: Verzweiflung.

Auf Vertrauensentzug

Ich erinnere mich an eine Teilnehmerin bei einem meiner Seminare. Die Frau hatte eine hoch dotierte Stelle in einem großen Wirtschaftsunternehmen und war Haupternährerin der Familie. Ihr Mann kümmerte sich um die Kinder und den Haushalt. Der Tagesablauf war bestens geregelt: Bei der Organisation des Büros und der Geschäftstermine konnte die Frau auf eine verlässliche Assistentin bauen und für das Bringen und Abholen der Kinder von Krippe und Grundschule war ihr Mann zuständig. Ein starker Typ, ein Fels in der Brandung. Einziger Wermutstropfen: Die Stelle, die sie innehatte, war zunächst zeitlich befristet. Doch die Wertschätzung für die Arbeit der Frau war so groß, dass man ihr eine Verlängerung für weitere fünf Jahre bewilligte. Nur um den üblichen Dienstweg einzuhalten, sollte es noch eine Ausschreibung geben. *„Das war alles nur eine Formsache",* sagte die Teilnehmerin unter Tränen. *„Ich musste doch nur die Unterlagen abgeben. Nicht mehr. Und was ich spürte, war nichts als Schwäche und Kraftlosigkeit. Ich wusste nicht, wie es wird. Ich wollte wissen, wie mein Leben in fünf Jahren ist. Ich wünschte, die fünf Jahre lägen schon hinter mir."*

Man könnte sagen: Das Leben hat es mit dieser Frau gut gemeint. Ein vertrauensvoller Mann, ein großartiger Beruf und eine routinierte Art, Beruf und Familie miteinander zu verbinden. Es könnte so weitergehen. Die Frau litt schlichtweg unter einem Schuldgefühl, das sich möglicherweise einstellen könnte, wenn sich die Dinge anders als geplant entwickeln. Wenn nach zwei Jahren das Aufgabenfeld vielleicht doch nicht mehr so spannend wäre, wie in den letzten Jahren. Oder wenn der Mann vielleicht auch wieder in einen Beruf einsteigen möchte. Ohne dass es überhaupt Anzeichen dafür gab, konzentrierte sie sich auf ein mögliches Scheitern.

Doch genau das ist der Punkt: Wenn der Einzelne festgelegt wird, glücklich zu sein, weil ja alles dafür bereitet ist glücklich zu werden, wird die Last untragbar. Es ist paradox: Gerade dann, wenn Glück und Erfüllung garantiert scheinen, wird das Leben auf einmal unerklärlich schwer. Alles scheint festgelegt. Alles erfordert meine Aufmerksamkeit. Und es ist nicht mehr nur der Job, der all meine Kenntnisse erfordert, sondern jede noch so kleine Entscheidung, die ich treffen soll, verlangt mir Kraft ab. Wenn überall Unvorhersehbares lauert, bin ich meines Lebens nicht mehr sicher. Stress pur.

Wie kommt es zu dieser Entwicklung? Welchen Grund hat die Erschütterung? Aus meiner Erfahrung hat es immer mit Vertrauen zu tun. Uns ist das Vertrauen abhandengekommen, dass uns das Leben auch in anderer Form glücklich machen könnte. Wenn ich mir Zielvorstellungen bis ins Detail ausmale, dann lasse ich dem Glück gar keine andere Möglichkeit, als so zu sein wie ich es mir vorgestellt habe. Die Möglichkeit, im Supermarkt aus 20 000 Artikeln genau den einen für mich richtigen zu finden, ist auf den ersten Blick verheißungsvoll. Genau genommen ist die Vorstellung aber extrem einengend. Ich lege mich auf eine Form des Glücks fest – und versage mir damit jede Offenheit, dass es das Leben auch in anderer Weise gut mit mir meinen könnte. Es macht uns ohnmächtig, wenn wir mit Situationen konfrontiert werden, die anders sind als sonst. Oder anders als wir es uns ausgemalt haben. Weil wir verlernt haben, dem Leben zu vertrauen.

Eng damit verwandt ist der zweite Grund: Wenn wir uns so stark an Pläne klammern und mit Einschätzungen von außen gegen jede Ungewissheit abzusichern versuchen, dann verdeutlichen wir uns mit unserem Verhalten immer wieder selbst: „Du kannst dir nicht vertrauen. Erst recht nicht im Krisenfall. Wenn du wirklich auf dich alleine angewiesen bist, dann wird es ernst. Du wirst es nicht schaffen! Darum bereite dich möglichst gründlich auf alle Eventualitäten vor. Das ist deine einzige Chance."

Der Plan wird dann zum Stellvertreter für fehlendes Selbstvertrauen.

Wir haben nicht genug oder überhaupt kein Selbstvertrauen. Und wir dürfen es möglichst niemandem zeigen. Viele meiner Teilnehmer sind tatsächlich davon überzeugt, dass es ein Zeichen von großer Schwäche ist, wenn sie sich in schwierigen Situationen Hilfe holen. Wir trauen uns nicht mehr zu, Situationen zu bewältigen, die uns überraschen. Und wir trauen uns nicht einmal zu, die Verzweiflung über unsere Ohnmacht mit anderen zu teilen.

Das Gefährliche dabei ist: Es muss gar kein Unglück wirklich eintreffen, um Macht auf uns auszuüben. Wenn ich überzeugt bin, dass der Verlust des Arbeitsplatzes mich komplett aus der Bahn werfen würde, reicht das schon, um meinen Arbeitsplatz zu bangen. Wenn ich glaube, dass ich den Tod meines Partners nicht verkrafte, macht mich das heute schon schwach und unselbstständig, obwohl ich doch jeden Moment mit ihm genießen könnte. Gut mit Krisen und schweren Momenten umgehen können – das nämlich trainieren wir uns ab, wenn wir unsere Energie darauf verwenden, unser Glück zu garantieren.

*„Life is what **happens** to you while you're busy making other plans."*
John Lennon

Ich fasse es noch einmal kurz zusammen: Wir können heute fast alles haben. Aber diese schillernde Welt, in der jeder das finden kann, was ihn erfüllen könnte, wird uns ganz schön zur Last: Denn wenn ich schon die Möglichkeit habe, aus vielen Optionen zu wählen, dann will ich doch unbedingt und mit Garantie die beste Wahl treffen. Dafür muss ich zum Experten werden, ich darf nichts dem Zufall überlassen. Und ist das Leben durchgeplant und durchgestylt, schon macht mir die Wirklichkeit einen Strich durch meinen Plan – und ernüchtert mich: Obwohl ich alles gegeben habe, obwohl ich alle Freiheit genutzt habe, erfahre ich Rückschläge. Weil das Leben dann doch anders spielt als gedacht.

So absurd es klingen mag: Gerade weil wir das Glück so sehr festhalten wollen, verlieren wir Spielfreude und Leichtigkeit im Leben. Wir zwingen uns praktisch zu unserem Glück. Und verbauen es uns dadurch. Eine Situation, die uns in die Enge treibt. Weil wir merken, dass uns das Leben und jede Souveränität entgleitet.

Kapitel 5

Deutschland sucht den Impfpass

Die Kehrwoche ist ein Traum. Wahrscheinlich wundern Sie sich über diesen Satz, sodass ich ihn lieber noch einmal schreibe: Die Kehrwoche ist ein Traum. Wenn Sie jetzt mit dem Kopf schütteln, kann es gut sein, dass Sie in der Umgebung von Stuttgart wohnen, in Tübingen einige Studentenjahre verbracht oder einfach Bekannte an einem anderen Ort mit schwäbischer Prägung haben. Ich habe den Satz von einer Seminarteilnehmerin aufgeschnappt und mir gemerkt, weil er mich inspiriert hat weiterzudenken. Die schwäbische Tradition der Kehrwoche geht auf eine Vielzahl von Erlassen bis ins 15. Jahrhundert zurück – und regelt bis heute, wer im Mietshaus mit dem Trocken- und Nassreinigen des Treppenhauses, des Kellerflures und dem Fegen des Bürgersteigs dran ist. Woche für Woche wird eine Laufkarte wie ein Staffelstab von Mieter zu Mieter weitergegeben. Auf der Karte ist deutlich vermerkt, was zu tun ist. Und wie die Weitergabe erfolgt.

Die Kehrwoche ist ein Traum – wenn ich diesen Satz noch einmal wiederhole, denke ich nicht an die Erfüllung, den Wischmob von Treppenstufe zu Treppenstufe zu ziehen oder das entschlossene Gleiten des Kehrbesens bis zur Grundstücksgrenze. Sondern dass es hier eines nicht gibt: Überforderung.

Mehr ist weniger

„Wirklich am Ende war ich, als ich merkte, dass ich das alles einfach nicht schaffen kann." – *„Jeden Tag immer mehr Aufgaben – selbst nachts ließen die mich nicht mehr los. Erst nach dem Zusammenbruch hatte ich dann meine Ruhe."* Solche Sätze höre ich oft in meiner Arbeit mit Burnout-Patienten. Menschen beschreiben damit die Last, die sie täglich aufgebürdet bekommen. Und das Empfinden, was diese Situation aus ihnen macht. Insbesondere wenn Abteilungen umstrukturiert und Arbeitsprozesse verändert werden oder Kollegen ausfallen, bedeutet das für die Mitarbeiter: Mehr Aufgaben. Mehr Arbeit. Mehr Überstunden. Und diese Mehrbelastung – das wird leicht vergessen – betrifft nicht nur die Mitarbeiter in den Abteilungen, sondern auch die Abteilungsleiter und Führungskräfte. Aber auch der normale Arbeitsalltag und die Verpflichtungen auf der Familienseite, die „Familienarbeit", reichen schon aus, damit einem solche Sätze von Überlastung und Überforderung über die Lippen kommen.

Überlastung und Überforderung – wörtlich genommen heißt das erst mal: Da liegt zu viel Last auf den Schultern oder es gibt zu viele Anforderungen an den Einzelnen. Forderungen, die offen bleiben, weil sie nicht erfüllt werden können.

Ich frage in den Seminaren die Teilnehmer, wie sie auf das Gefühl der Überforderung reagiert haben. Viele berichten dann von den typischen Durchhalteparolen, die man sich wechselseitig oder selbst zugesprochen hat: „Diamanten entstehen auch nur unter Druck" oder „Nur unter Spannung fliegt der Pfeil". Solche Formen, mit dem Druck umzugehen, funktionieren tatsächlich. Jedenfalls zunächst. Da endet die

Besprechung wirklich pünktlich, weil sich alle zusammenreißen. Bei Entscheidungen konzentrieren sich die Beteiligten auf die wesentlichen Kriterien und bei der E-Mail-Korrespondenz bleibt dem Einzelnen gar keine andere Wahl, als gleich auf den Punkt zu kommen. Es fehlt schlicht die Zeit, sich in netten Floskeln zu verlieren.

Dann kommt allerdings der Punkt, an dem auch die besten Durchhalteparolen nicht mehr greifen. Dieser Moment ist gekommen, wenn der Aufgabenumfang den Einzelnen nicht mehr beflügelt, sondern lähmt. „Ich hatte am Schluss so viel um die Ohren, dass ich gar nicht wusste, wo ich anfangen soll. So etwas kannte ich noch nicht von mir. Das hat mich fertiggemacht." Jede weitere Aufgabe macht das Leben noch undurchsichtiger. Und blockiert.

Das ist der Kern, der uns bei der Überforderung zu schaffen macht: Es ist nicht das Gefühl, dass zu viel zu tun ist – sondern die zermürbende Erkenntnis, dass ich den Aufgabenberg nicht abarbeiten kann. Egal wie schnell oder wie gut ich bin, egal wie sehr ich mich anstrenge: Ich komme nie ans Ziel. Sondern unweigerlich zur Erschöpfung. Sprichworte und Lebensweisheiten wie „Erst die Arbeit, dann das Vergnügen" wirken in solchen Zeiten geradezu zynisch.

Die Arbeit nimmt kein Ende. Wie ein Fließband, das niemals stoppen wird. Und alles staut sich bei mir auf, der Tisch, das E-Mail-Postfach – alles quillt über. Der Einzelne bekommt das Gefühl, auf der Stelle zu treten – das gilt für die unbeantworteten Mails im Bürocomputer ebenso wie für die ungebügelten Wäscheladungen, der offenen Steuererklärung vom vorletzten Jahr und den Staubsaugerbeuteln, die man jedes mal beim Einkauf vergisst. Überforderung heißt: Ich schaffe eigentlich gar nichts mehr. So entsteht zusätzlicher Stress.

Was führt uns denn eigentlich in diese schlimme Situation? Ich glaube – und das soll eine erleichternde Nachricht sein – die Dinge, die zu Überforderungen führen, spielen sich zum Großteil in unserem Kopf ab.

Wie genau läuft da ab? Ein kurzer Besuch im Buchladen soll zeigen, was uns eigentlich beschäftigt.

Morgen ist Weltuntergang. Und übermorgen auch.

Irgendeine Buchhandlung in einer normalen deutschen Innenstadt. Wir haben die Verkaufsinseln mit den Taschenbuch-Bestsellern und den Urlaubslektüre-Vorschlägen hinter uns gelassen und stehen jetzt vor dem Regal mit den Sachbüchern aus dem Bereich „Leben und Gesellschaft":

- *„Der Crash ist die Lösung. Warum der finale Kollaps kommt und wie Sie Ihr Vermögen retten"*
- *„Die digitale Demenz. Wie wir uns und unsere Kinder um den Verstand bringen"*
- *„Die Plünderung der Welt. Wie die Finanz-Eliten unsere Enteignung planen"*
- *„Das Ende der Sicherheit. Warum die Polizei uns nicht mehr schützen kann"*

Erschreckend! Was sind das für Botschaften!

Ich nehme es niemandem übel, der bei einem solchen Szenario ohne zu zögern an den Weltuntergang und an eine Gesellschaft denkt, die kurz vor dem Kollaps steht. Ich möchte hier nicht die Titelmacher, Lektoren oder Marketingmenschen in den Verlagen anprangern. Denn die machen hier genau das, was sie tun sollen, und übrigens auch gut können: ihren Job.

Das Programm, das da abläuft, ist dasselbe wie bei unseren frühen Vorfahren in der Höhle am Lagerfeuer. Wenn unweit der Gemeinschaft die Äste knacken und Zweige rascheln, könnte Gefahr drohen. Ein Tier, ein Feind, der sich im Schutz der Dunkelheit anpirscht. Besser man sieht jetzt gleich mal nach dem Rechten.

Alles was uns Angst macht oder von dem wir glauben, dass wir es wissen sollten, um unser Leben schützen zu können, zieht unser Interesse auf sich. „Ich informiere mich da besser mal, wer weiß, vielleicht hat das ja mit mir zu tun. Sicher ist sicher." Und genau auf dieses Prinzip setzen die Titel. Angst verkauft sich gut. All dem, was uns in irgendeiner Weise bedrohen könnte, schenken wir Aufmerksamkeit. Dabei muss es gar nicht um Leben und Tod gehen.

Auch wenn ich es Ihnen nicht wünsche: Diesen Grundmechanismus gibt es so gut wie in jedem Unternehmen. Was man vom Teamleiter an netten kleinen Komplimenten und ehrlich gemeintem Lob hört, wird von der Kollegin in der Frühstückspause wieder relativiert – durch die Erinnerung an uralte Pleiten, Pech und Pannen. Die längst fällige Umstellung der Software wird nicht mit Freude kommentiert, sondern lieber mit Sätzen wie „Da haben wir jetzt wieder eine lange Einarbeitungszeit" oder „Dann schauen wir mal, was die sich wieder Tolles ausgedacht haben". Und das obwohl fast alle in der Abteilung jahrelang darüber geklagt haben, dass die bisherige Software-Version total umständlich zu bedienen war. Jetzt ist das meiste behoben – und es ist doch nicht recht. Oder es kommt gleich die Sorge auf, dass es im eigenen Bereich auch bald schlechter aussehen wird, wenn die Zahlen im anderen Unternehmensteil gerade wieder einmal nicht so rosig sind.

Was hier geschieht: Der Einzelne und ganze Arbeitsgruppen schaffen sich ein Bedrohungsszenario. Das passiert gar nicht aus Argwohn oder Pessimismus, sondern aus dem Wunsch, sich zu schützen. Hier ist die Maxime am Walten: Jederzeit könnten sich die Dinge, die gerade gut sind, verschlechtern. Und darauf muss man gefasst sein. Der Weltuntergang kann morgen kommen. Und der Untergang unserer Abteilung bestimmt auch bald. Wer weiß!

Mit Blick auf das Thema Stress kann man hier etwas Wesentliches erkennen: Ich wende Energie für die Diskussion um eine mögliche Lösung von Problemen auf, die es mit hoher Wahrscheinlichkeit gar nicht geben wird. Ich mache also Pläne, was zu machen wäre, wenn eine bestimmte Situation eintritt – die sich gar nicht abzeichnet. Und wir erarbeiten Lösungen, die nie gebraucht werden.

Mir ging es so, als ich an der Bushaltestelle vor einem Plakat des Bundesministeriums für Gesundheit warten musste. „Deutschland sucht den Impfpass" stand in großen Buchstaben darauf. Dazu war ein Mann abgebildet, der tief in einem Umzugskarton abgetaucht war, auf der verzweifelten Suche nach seinem Impfpass. Erst musste ich schmunzeln, aber dann kam ich selbst auch ins Grübeln. Und zwar nicht deshalb, weil ich ratlos war, wo denn mein Impfpass ist – der ist seit Jahren im Ordner mit den Gesundheitssachen abgeheftet. Nein, ich kam ins Grübeln, was denn bei mir unauffindbar verschwunden sein könnte. Die Papiere zur Rentenversicherung? Sind ganz normal im Versicherungsordner. Mein Sozialversicherungsausweis? Ist im selben Ordner abgeheftet. Aber ist unser Testament eigentlich immer noch in der Schublade mit den Garantiekarten? Auf einmal war ich im Kopf auf der Suche nach Dingen in meinem Haushalt – obwohl ich wenige Momente zuvor gar nicht das Gefühl hatte, dass ich etwas verloren hätte. Und eigentlich wollte ich diese Pause und die Fahrt zwischen zwei Terminen dazu nutzen, in Ruhe ein Buch zu lesen. Stattdessen rauschten meine Gedanken jetzt durch die Wohnung und durch mein Leben. Ob wirklich alles am richtigen Ort und so gut verwahrt ist, dass ich mir keine Sorgen machen muss?

Was hier deutlich wird: Nicht jede Beschäftigung, nicht jeder Gedanke und nicht jedes Gespräch, das wir täglich führen und das unsere Zeit und Aufmerksamkeit raubt, hat überhaupt einen unmittelbaren Anlass. Dinge, die einen gar nicht beschäftigen müssten, halten uns auf Trab. Das ist Stress pur: Ich wende Energie auf, die nur zu Sorgen führt. Ein Aufwand, der nur negativ spürbar ist – weil er nicht mit konkreten Lösungen belohnt wird. Stattdessen wird die To-do-Liste immer länger…

Die kollektive To-do-Liste

Berlin, Hamburg, Stuttgart. Klar, das sind Metropolen mit jeweils eigener Prägung. Allein schon sprachlich liegen Welten zwischen den genannten Städten. Mentalitätsmäßig und kulinarisch erst recht. Dennoch sind die drei Städte untrennbar durch eine Gemeinsamkeit verbunden: Es sind Orte des Versagens. Die Elbphilharmonie in Hamburg, der Berliner Flughafenbau und natürlich Stuttgart 21. Allesamt Großprojekte, von denen wir erschreckende, teils inszenierte Stillstandsmeldungen hören – oder einen Befund über planerisches Totalversagen und kompletter Unfähigkeit geliefert bekommen.

Da werden beträchtliche Summen an Geld mobilisiert, namhafte Architekten sind am Werk und die besten Ingenieure federführend – und am Ende kommen nur Kostenexplosionen und zerplatzte Zeitpläne raus. Ein fertiger Flughafen oder das große Eröffnungskonzert am Rande des Hafenbeckens? Zukunftsmusik. Utopie.

„Warum Deutschland an Großprojekten scheitert" oder „Das Großversagen"

Der Tenor solcher Zeitschriftentitel lautet: Deutschland bringt es einfach nicht mehr fertig, derartig umfangreiche Projekte erfolgreich abzuschließen. Das Scheitern wird zu einem kollektiven Gefühl, so als ob uns die Nachrichten sagen wollen: „Wir sind einfach noch nicht gut genug." Die Betonung liegt dabei auf *wir*. Denn das findet hier statt: Das Scheitern wird verkollektiviert, also auf die Schultern der Gesellschaft gepackt. Auf einmal sind wir alle schuld. Irgendwie. Und damit jeder Einzelne.

Als Sahnehäubchen platzieren Zeitungen und Rundfunksender Schreckensnachrichten über die Grippe-Welle, die über Deutschland hereingebrochen ist und Arzt-Wartezimmer mit schnupfenden Patienten füllt. Dazu kommt einmal im Jahr die Stau-Inventur, die die Automobilverbände als Bedrohungskulisse zurechtzimmern: 2014 sollen es 475 000 Staus gewesen sein mit einer Gesamtlänge von 960 000 Kilometern. „Insgesamt summierten sich die Wartezeiten auf 285 000 Stunden – umgerechnet sind das mehr als 32 Jahre." So eine Nachricht drückt einen förmlich zu Boden.

Hier stellt uns der oben beschriebene Angst-Aufmerksamkeit-Mechanismus ein Bein: Überall dorthin, wo etwas nicht gut ist – man könnte auch sagen katastrophal – lenken wir unsere Aufmerksamkeit. Und fragen uns dabei: Was hat das mit mir zu tun? Denn wenn da eine Bedrohungslage vorhanden ist, dann wollen wir ja gewappnet sein und gegensteuern können.

Bemerkenswert ist in diesem Zusammenhang der Slogan aus der Rede von Roman Herzog, die er 1997 als Bundespräsident in Berlin hielt: *„Durch Deutschland muss ein Ruck gehen."* Die Botschaft: Wir alle müssen dafür sorgen, dass sich hier etwas ändert. Dass die Dinge besser werden. Ich finde diese Botschaft sehr ambivalent. Ich will damit nicht sagen, dass ich etwas gegen Veränderung habe oder gar gegen ehrenamtliches und berufliches Engagement. Im Gegenteil. Was ich hier aufzeigen möchte ist vielmehr die verzwickte Lage, in die Menschen kommen, wenn sie sich ganz unbewusst mit dem Scheitern von Projekten identifizieren. Dazu sind keine Großprojekte nötig. Etwas ist nicht gut genug, also muss sich etwas grundlegend ändern: Zu diesem Befund kommt jede Arbeitsgruppe, jeder Fachabteilung und jede Vorstandssitzung ohne größere Anstrengung. Und vielleicht auch eine Familie, in der es gerade kriselt.

Was ist die Folge dieses Appells? Sie haben es erraten:

- Durch unsere Projektgruppe muss ein Ruck gehen.
- Durch unsere Abteilung muss ein Ruck gehen.
- Durch unsere Firma muss ein Ruck gehen.
- Durch unsere Familie muss ein Ruck gehen.
- Durch meinen Fitnessplan muss ein Ruck gehen.

Das Typische an solchen „Ruck-Reden" ist, dass sie meist sehr abstrakt sind. Probleme bleiben vage – und die Lösungen erst recht.

Aber sie bewirken beim Einzelnen, dass er sich nicht gut fühlt. Egal wie hoch sein Engagement für die Firma war, egal wie viele Überstunden auf dem Zeitkonto gelandet sind oder gleich welche schwierigen Situationen er in der Abteilung oder zu Hause aufgefangen hat: Der Einzelne bekommt ein niederschmetterndes Zeugnis ausgestellt: Mangelhaft!

Ein Mitarbeiter eines mobilen Pflegedienstes, mit dem ich im Rahmen eines Workshops gearbeitet habe, sagte mir einmal: „Ich habe schon zweimal auf meinen Urlaub verzichtet, reibe mich täglich für meine Patienten auf und muss dann in der Zeitung lesen, wie schlimm es in Deutschland um die Pflegequalität bestellt ist. Das macht mich fertig. Soll ich vielleicht noch mehr arbeiten?"

Nein, das wäre die denkbar schlechteste Lösung. Doch hier wird das Problem ganz deutlich: Das was ich die „kollektive To-do-Liste" nenne, sind Aufgaben und Probleme, die wir uns zu Herzen nehmen, die aber gar nichts mit uns zu tun haben. Man könnte auch sagen: Es sind Phantomaufgaben, die die tägliche Arbeit bestimmen. Die Krankenschwester in Ludwigshafen am Rhein kann noch mehr Überstunden machen und jedem Kollegen, der sie nach einem möglichen Tausch des Wochenenddienstes fragt, eine Zusage geben. An den generellen, negativen Aussagen über das Pflegesystem in den Medien wird das nichts ändern. Der Logistik-Planer beim Automobilzulieferer kann noch so viele Zusatzkalkulationen erstellen; an der misslichen Lage, in der die Autoindustrie vielleicht gerade steckt, wird das nichts ändern. Und die junge Aushilfe, die sich im Kinderhort total engagiert, weil sich dort viel zu wenig Personal sich um viel zu viele Kinder kümmern muss, wird am Ende das Ruder in der deutschen Familienpolitik nicht herumreißen.

Ich mag die Kehrwoche – diesen Satz habe ich zu Beginn des Kapitels geschrieben. Die Aufgaben sind klar: „Die Treppe bis zum nächsten Stockwerk wischen, das Fenster in der Haustür mit einem nassen Lappen reinigen und den Weg bis zum Gehsteig fegen." Klar umrissene Aufgaben mit einem deutlichen Ende. Nach 20 Minuten kann der Einzelne sagen: Alles geschafft, fertig! – Das ist traumhaft. Und ein Ausspruch, der an den meisten Arbeitsplätzen Seltenheitswert hat.

„Muss nur noch kurz die Welt retten, noch 148 Mails checken.“ So hört sich das im Song von Tim Bentzko an, der vor einigen Jahren praktisch als Hymne aller Überforderten im Radio rauf und runter gespielt wurde. Neben unseren tatsächlichen Aufgaben im Beruf und zu Hause arbeiten wir uns an Dingen ab, die wir gar nicht bewältigen können. Statt irgendwann sagen zu können: „Fertig, mit dem, was ich heute schaffen wollte!“, stellt sich das permanente Gefühl ein: „Es kommt mir so vor, dass ich heute gar nichts geschafft habe.“

Das lähmt. Trotz aller Mühen, trotz aller Extraschichten und trotz allen Engagements, bekommt der Einzelne permanent gespiegelt: Du bist mit deinem Tun wirkungslos. Da kann er über den Tag hinweg noch so viel geleistet haben – der Frust durch die zahlreichen nicht bewältigten Phantomaufgaben übertüncht jedes Erfolgserlebnis. Weil wir unsere Aufmerksamkeit auf das Negative und Bedrohliche richten.

Aber was passiert denn da *eigentlich*, wenn wir uns so an der Nase herumführen lassen? Ich habe einen schwachen Trost für Sie – und ein großes Problem.

„Willkommen im Club“

„Das ist mir aufgefallen: Sie gehen immer pünktlich. Und kommen auch erst dann, wenn alle anderen schon da sind. Alles klar bei Ihnen? Ich meine: Haben Sie auch ausreichend zu tun?“

Fabian, ein Bekannter von mir, erzählte mir von dieser Frage seiner Kollegin. Ein großer Pharmakonzern hatte ihn als Führungskraft für den Bereich *Arzneimittelsicherheit* gewinnen können. Der Umzug in die Großstadt, an der die Firma ihren Sitz hatte, lief glatt über die Bühne, die Wohnung, die er gefunden hatte, war ideal und er hatte sich schnell eingearbeitet. Seit Jahren habe ich immer an ihm bewundert, wie strukturiert er vorgeht. Er plant akkurat und irgendwie setzt er genau die Hebel in Bewegung, die ihn als Führungskraft erfolgreich machen. Man könnte auch sagen: Er ist hocheffizient.

Die Frage *„Haben Sie auch ausreichend zu tun?"* kam an diesem Freitagnachmittag um 16.30 Uhr. In der Abteilung für Arzneimittelsicherheit war es nicht unüblich, dass ein Großteil der Mitarbeiter bis nach 19.30 Uhr arbeitet. In manchen Büros brennt mitunter auch länger das Licht. Wer hier vor 18 Uhr geht und vielleicht sogar am Freitag noch früher, der wird schnell zum Exoten.

Es war schließlich seine Stellvertreterin, die sich traute, die Frage zu stellen. Fabians großartige Antwort? *„Wenn ich nicht zu ganz normalen Zeiten kommen und gehen könnte, hätte ich meinen Job nicht im Griff."*

Ich denke oft an diese Geschichte und die ungewöhnliche Antwort – und zwar besonders dann, wenn ich Gespräche in der U-Bahn oder vor der Kinokasse mitbekomme, bei denen jeder über Stress und Arbeitsüberlastung klagt. Das Thema ist deshalb so beliebt, weil alle dazu etwas beitragen können. In jeder Abteilung liegt etwas im Argen, auf jedem Amt werden Vorgänge komplizierter abgewickelt, als in der Theorie angedacht, und selbst der Besuch beim Zahnarzt dauert zehn Minuten länger als vorher geplant. Dazu kommen bei Familien noch die Unwägbarkeiten, wenn eines der Kinder krank ist oder die Kleine in kompletter Schneemontur zu verstehen gibt, dass sie gerade jetzt die Windel voll hat. Gelassenheit ist dann ein begehrtes Gut.

Manche sagen, es ist schick, ein Burnout zu haben. Weil man dann als Höchstleister gilt. Sozusagen der Ritterschlag der Werktätigen. Das geht mir zu weit, denn ich habe so viele Menschen darunter leiden sehen, dass ich das nicht mal als Scherz durchgehen lassen kann.

Dennoch gibt es einen Gewinn, wenn ich über Stress klagen kann. Das ist praktisch der Vorteil, wenn mir die kollektive To-do-Liste aufs Gemüt schlägt: Ich bin nicht allein. Wenn ich über Stress klagen kann und darf, gehöre ich dazu. Alle klagen – und ich auch. Probleme wirken gemeinschaftsstiftend. Ich möchte das Problem ebenfalls haben, damit ich dabei sein kann. Und schon kann der Verwaltungsfachangestellte beim Grillabend von seiner Arbeitsverdichtung berichten oder der Journalist beim Stammtisch seinen Kollegen, die wissend nicken, während er spricht, sein Leid klagen. Wenn alle das gleiche Problem haben, haben alle etwas gemeinsam. Das schweißt zusammen.

Hier schlägt praktisch die dunkle Seite von Selbsthilfegruppen und anderen Leidensgemeinschaften zu: Weil ich unter einem Problem leide, bin ich dabei. Und umgekehrt: Wenn ich irgendwann nicht mehr unter dem Problem leide, habe ich keinen Grund mehr, dabei zu sein. Das Ende des Problems bedeutet dann, dass ich vertraute Menschen gar mehr oder nicht mehr so oft sehe, dass ich ein Stück weit auch wieder allein bin. Das macht es so schwer auszusteigen.

Aus diesem Grund fand ich die Antwort von Fabian so mutig: „Wenn ich nicht zu ganz normalen Zeiten kommen und gehen könnte, hätte ich meinen Job nicht im Griff." Er hat in diesem Moment riskiert, dass er als Neuling und Exot ein für alle Mal seinen Platz in der Gemeinschaft verwirkt hat – in der Arbeitsgruppe, unter den Kollegen, im ganzen Unternehmen.

Aber was ist am Ende schlimmer? Das Gesicht zu verlieren, weil man pünktlich oder zumindest frühzeitig Feierabend macht oder sich in den Strudel einer permanenten Selbstüberforderung zu stürzen. Die Möglichkeit, über Stress und Überlastung zu klagen – das ist ein schwacher Trost. Nicht mehr als ein Trostpreis. Oder anders gesagt: eine Niete. Denn was wir dabei eigentlich eintrainieren ist viel schlimmer.

Unwichtig ist das neue Wichtig

Übergangssituationen können sehr belastend sein. Das Alte ist vergangen, das Neue hat noch nicht begonnen. Ich weiß nicht mehr, wo ich hingehöre, ich hänge irgendwo dazwischen.

Wenn im Seminar die Teilnehmer ihr Gefühl von Überforderungen mit Aussagen formulieren wie „Ich habe den Überblick über mein Leben verloren!" oder „Ich weiß nicht mehr, wer ich eigentlich bin", dann kommen sie genau auf diesen nagenden Zustand des „nicht mehr und noch nicht" zu sprechen: Es gibt keine Klarheit mehr. Sie haben die Orientierung verloren. Wenn alles irgendwie miteinander vermischt ist, wird das Leben uferlos. Und zwar im negativen Sinne. Es gibt keine Grenzen mehr.

Der einzelne kann nicht mehr unterscheiden, was seine Aufgaben sind – und was die der anderen. Alles ist eins und immer präsent. Irgendwie. Aber nie richtig. Wenn der Familienvater an seinem freien Tag vom Mittagstisch aufsteht und auf dem Smartphone nach der Nachricht sieht, die gerade aus dem Büro reinkam, ist er in diesem Moment weder für seine Kinder da noch fürs Büro. Wenn die Sachbearbeiterin im Finanzamt an zwei Vorgängen gleichzeitig arbeitet, dazwischen kurz eine Mail beantwortet und von zwei Anrufen aus Steuerberaterbüros unterbrochen wird, hat sie an fünf Baustellen gleichzeitig gearbeitet – aber an keiner Stelle war sie wirklich konzentriert bei der Sache. Und wenn die Abteilungsleiterin anfängt, die Aufgaben ihrer Mitarbeiter zu kontrollieren, zu überarbeiten oder gar ganz zu übernehmen, vernachlässigt sie zum einen ihren eigenen Verantwortungsbereich und kommt außerdem den Abläufen ihrer Mitarbeiter in die Quere.

Farben sind Blau, Rot, Grün, Violett oder Gelb. Bunt – das ist keine Farbe. Bunt – darunter kann sich niemand etwas vorstellen. Mit diesem Vergleich möchte ich zum Ausdruck bringen: Dort wo alles gleichzeitig gemacht werden soll, wo sich jeder für jede Aufgabe zuständig fühlt, mangelt es an Klarheit. Ich sage es noch deutlicher: Dort schaffen die Einzelnen jede Form von Klarheit ab.

Vielleicht fällt Ihnen gerade der Begriff Multitasking ein. Denn genau das passiert hier: Der Einzelne widmet gleichzeitig mehreren Aufgaben seine Aufmerksamkeit und Lebensenergie. Das ist besonders stressig, weil ich ständig von Aufgabe zu Aufgabe wechsle und mir immer wieder neu den Kontext der jeweiligen Aufgabe vor Augen führen muss.

Eine Studie des Psychologen Glenn Wilson in England sorgte vor einigen Jahren für Aufsehen: Probanden sollten in einer typischen Büro-Versuchsanordnung ganz normal am PC arbeiten während sie ständig mit SMS und E-Mails bombardiert wurden. Das Ergebnis war, dass die mentalen Fähigkeiten der Versuchsteilnehmer bei einem IQ-Test deutlich sanken – bei den Männern von 145,5 auf 127 Punkte und bei den Frauen von 141,25 auf 138,5 Punkte. Delikat ist der Vergleich: Die Wirkung von Cannabis mindert die mentalen Fähigkeiten durchschnittlich um vier IQ-Punkte.

Ich komme aus einer solchen, scheinbar endlosen Schleife, die meine Kräfte bindet und mich nach und nach fertigmacht, nur dann heraus, wenn ich vom parallelen Arbeiten wegkomme. Wenn ich vom gleichzeitigen Bearbeiten mehrerer Projekte wieder zum seriellen Arbeiten übergehe. Eines nach dem anderen. Eine Aufgabe erledigen, dann die nächste angehen. Hintereinander. Nicht gleichzeitig. Präsenz und Konzentration. Nicht Multitasking.

Und jetzt kommen wir an den Punkt, weshalb uns alles derart zu schaffen macht: Die Aufgaben, die an uns herangetragen werden, führen bei uns deshalb zu Überforderung, weil wir nicht in der Lage sind, Grenzen zu setzen oder überhaupt Grenzen zu kennen. Das hat erst im zweiten Schritt mit Ja- und Neinsagen zu tun. Zunächst meint *Grenzen setzen* erst einmal, zu wissen, für was ich da bin. Und für was nicht. Es fehlt uns an der Klarheit, was gerade wichtig und unwichtig ist. Aber nur so lässt sich das trennen, was im Leben aber auch für einen gelungenen Tag entscheidend ist: Ich muss wissen, für was ich heute meine Energie einsetze. Und für was nicht.

Wer allem die gleiche Bedeutung zumisst, für den verwischen sich die Grenzen; er kann die Dinge nicht mehr unterscheiden. Wo kann und soll ich einen Beitrag leisten? Und wo habe ich nichts zu suchen, mehr noch: Wo kann ich nichts ausrichten?

Wenn ich diese Fragen nicht klar beantworten kann, wird es haarig. Wir konzentrieren uns nicht mehr auf das, was uns wichtig ist, wo wir eine Rolle haben. Sondern auf alles, was irgendwie wichtig ist.

Hinter dem Druck und der Überlastung, die wir täglich spüren, stecken unzählige Aufgaben und tatsächlich die unüberschaubare Arbeitsfülle, die Job und Familienarbeit mit sich bringen. Das, was uns das Leiden an dieser Überlastung und dem Druck einbringt, ist das Unvermögen, Grenzen zu setzen oder anzuerkennen.

Wir sind deshalb so überlastet, weil wir nicht mehr genau wissen, was unsere Aufgaben sind. Und was nicht. Weil wir nicht klar sagen: Nein, das ist nicht meine Sache. Damit habe ich nichts zu tun. Ich bin nicht verantwortlich. Kein Wunder, wenn Aufgabenberge gigantisch erscheinen oder To-do-Listen endlos werden. Wenn wir nach dem Taktstock der Phantomaufgaben tanzen, machen wir nichts anderes, als uns zu beschäftigen und unsere Energie wahllos zu verschleudern. Wer überall mitmischt – gedanklich oder mit aktiver Arbeitszeit – begibt sich in die Falle eines chronischen Multitaskings. Dauernd für alle und alles da sein. Und deshalb ist man für nichts *wirklich* da. Wenn sich dann trotz riesigem Einsatz in der abendlichen Erschöpfung nicht das Gefühl einstellt, tatsächlich etwas Gutes geleistet zu haben, dann liegt das daran, dass man weder seine eigenen Aufgaben geschafft hat – noch die der Kollegen oder gar die Phantomaufgaben, die einen auf Trab gehalten haben. Eine einzige Enttäuschung.

Kapitel 6

Die Sisyphus-Komplizen

Wo kommt eigentlich der Stress her? Und warum macht er uns so stark zu schaffen? Man ist versucht, gleich eine Antwort aus dem Hut zu zaubern, über die zunehmende „Verdichtung" von Arbeitsprozessen, steigende Anforderungen und dergleichen mehr zu philosophieren. Aber ich habe Ihnen versprochen: Mit einfachen Antworten gebe ich mich nicht zufrieden – und mit Lösungen à la Tütensuppe – mal kurz aufkochen lassen, fertig! – will ich Sie nicht abspeisen. Schauen wir zunächst einmal auf die Erkenntnisse, die ich bereits in den vorangegangenen Kapiteln zusammengetragen habe:

Bloßes Umgewichten an der scheinbar unausgeglichenen Balance zwischen Work und Life erzeugt nur neuen Stress, weil nun auch Zeiten jenseits des Jobs mit Erwartungen aufgeladen werden. Freizeit wird ad absurdum geführt, wenn sie mit Entspannungsleistungsdruck überschüttet wird.

Die ständige Erreichbarkeit – auch das eine heiße Spur in Sachen Stresspotenzial – denn tatsächlich machen uns berufliche E-Mails, die privaten Kontext erhalten und wir gleich lesen, zu schaffen. Umgekehrt auch. Jegliche Grenzen verwischen.

Oder wir kommen nie zur Ruhe, weil wir glauben, dass uns gleich wieder eine neue Nachricht zum Handeln auffordern wird. Allerdings gehört diese Permanent-Kommunikationsbereitschaft scheinbar inzwischen auch zu unserem Leben irgendwie dazu: Sonst würden wir ja einfach das Handy ausschalten oder gar nicht erst überallhin mitnehmen.

„Alles zu meiner Zeit" – in diesem Satz offenbart sich die dunkle Seite der Entscheidungsfreiheit und der Vielzahl an Möglichkeiten im Leben: Wenn ich alles bestimmen kann, dann bin ich es am Schluss, die alles bestimmen muss. Damit liegt auch die Verantwortung bei mir, wenn etwas schiefläuft im Leben. Ein heilloses – und unmögliches Unterfangen.

Impfpass & Co.: Mit der kollektiven To-do-Liste haben wir einen weiteren Mosaikstein ins ohnehin komplexe Bild des Lebens gesetzt bekommen: Das, was uns in einen Stresszustand versetzt, ist das Gefühl von Wirkungslosigkeit – die niederschmetternde Erkenntnis, dass ich mich aufgerieben habe und doch irgendwie alles im Argen liegt. Wir glauben, dass wir uns um alles Mögliche und vor allem um alles Bedrohliche kümmern – und dabei versäumen wir es, unsere Energie auf das wirklich Wichtige zu lenken und die Tatsachen im Blick zu behalten. Unsere Energie füllen wir so munter in ein Fass ohne Boden.

Dieses Buch hat den Titel „Warum Stress glücklich macht". Vielleicht fragen Sie sich warum – denn bislang sind wir an die Schauplätze gegangen, an denen Stress für alles andere als Hochstimmung sorgt. Das stimmt. Wird sich aber bald ändern. Trotzdem kann ich Ihnen zunächst einen weiteren Schritt nicht ersparen: Jetzt gehen wir an den Ort, an dem uns am meisten der Schuh drückt: an den Arbeitsplatz. Am besten nach 21 Uhr.

Es brennt noch Licht.

„Kuuguu" – kaum ist der kleine Holzvogel aus dem Kasten geploppt, ist er auch schon wieder verschwunden. Seit Jahren hängt die Kuckucksuhr im Gemeindebüro, in Sichtweite von Annas Arbeitsplatz. Es ist praktisch ihr engster Vertrauter und Kollege, der ihre Tätigkeit als Sekretärin im Büro begleitet und der gerade die Zeit ansagt: 21.15 Uhr. Erneut ist eine Viertelstunde vergangen. Der Kuckuck ist allerdings nicht der einzige Begleiter an diesem Abend – einem von vielen, die sie hier in letzter Zeit verbracht hat. Da ist auch noch dieser Satz, der in Annas Kopf immer wieder nachhallt: „Klar, das kann ich übernehmen. Kein Problem." Sie kennt ihn zu gut – und ihre Kollegen im kleinen Team der Seelsorgeeinheit vor Ort auch.

Bei Gaby, der Mitarbeiterin im Team, die die Vorbereitung auf die Erstkommunion durchführt, brannte mal wieder der Zeitplan. „Die Briefe an die Eltern müssen dringend raus, eigentlich ist es schon wieder zu spät. Kannst du mich hierbei unterstützen?" Kaum hatte Anna signalisiert, dass sie mithelfen kann, hatte sie die Excel-Dokumente in ihrem E-Mail-Postfach. Dazu der Hinweis von Gaby: „Schau alles noch mal durch, irgendwas stimmt da nicht. Und danke im Voraus, du bist ein Goldstück!" Das war um 18.05 Uhr. Seitdem war Anna mit dem Zusammenführen und Abgleichen von Adresslisten zugange. Für welche Gruppe war Hannah jetzt angemeldet? Wieso taucht dieser Merlin Müller auf zwei verschiedenen Listen auf – es gibt doch nur einen, oder? Ist die kleine Claire mit ihren Eltern nicht schon vor Monaten weggezogen? Das Chaos schien kein Ende zu nehmen.

Eigentlich hat Anna den perfekten Arbeitsplatz: Sie ist gerne mit Menschen zusammen, arbeitet in einem wirklich netten und überschaubaren Team und ist auch stolz, dass sie die EDV-Umstellung so gut hinbekommen hat. Selbst den neuen Multifunktionskopierer, der seit zwei Monaten im Technikraum am Ende des Flurs steht, hat sie fest im Griff. Wenn sie etwas macht, dann richtig. „Sie sind die Verlässlichkeit in Person", hat neulich sogar der Pfarrer beim kurzen Stelldichein im Büro anlässlich ihres Geburtstags gesagt und ihr einen Blumenstrauß überreicht. Die Chrysanthemen sind längst auf dem Kompost. Und Anna selbst ist heute auch nur noch ein Häufchen Elend. Der Stapel an Bonbonpapieren neben der Tastatur gibt genau das Bild ab, wie Anna sich gerade fühlt: leer und zerknittert. Denn den ruhigen Abend zu Hause, den sie für heute geplant hatte, kann sie jetzt knicken. Mit Wut fegt sie die Papiere vom Tisch. Und die Tasse mit dem kalten Kaffee aus Versehen gleich mit. Am liebsten hätte sie Gaby das ganze Excel-Tabellen-Chaos einfach vor die Füße geworfen. Aber wie würde die alleine das Projekt stemmen? Anna blieb nur der Groll auf sich selbst, der ihr die Laune verhagelte.

Taphophobie

„Das Schlimmste ist das Gefühl, nicht mehr Herr im eigenen Haus zu sein." – „An diesem Abend wusste ich, dass ich nicht mehr selbstbestimmt lebte." Wenn Menschen von Überlastung und Stress sprechen, fällt oft das Wort Selbstbestimmung. Insbesondere der Moment, in dem sie die Kontrolle über ihren Arbeitsalltag, über ihr Privatleben, ihre Gefühle und ihren Energiehaushalt verloren haben, wird so benannt: das Ende der Selbstbestimmung. Das hört sich erst mal hochtrabend und sehr existenziell an; die ersten Ausläufer zeigen sich aber schon bald tatsächlich in ganz alltäglichen Dingen:

- Der Mittwochabend, der sonst fürs Schwimmen reserviert war? – Geht diesmal nicht, sonst schaffe ich es auch in dieser Woche wieder nicht, den lange zugesagten Bericht abzuliefern.
- Der gemütliche Kaffee mit den Kollegen am Ende der Mittagspause? Heute nicht, sonst bin ich gar nicht vorbereitet, wenn nachher um 14 Uhr der Telefontermin ansteht.
- Der Dienstagnachmittag, den der Familienvater eigentlich für die Kinder reserviert hat? – Können wir die Tagesmutter in dieser Woche nicht auch mal nachmittags buchen? Ich schaffe sonst den Aufgabenberg nicht.
- Das lang ersehnte Familienwochenende, an dem sich mal wieder alle Geschwister sehen wollten? – Ich kann doch nicht kommen, bei uns in der Abteilung sind gerade zwei Leute ausgefallen und ich muss deren Arbeit zusätzlich übernehmen.

Ich weiß, man könnte für jede dieser Szenen ein schlagkräftiges Argument finden, eine Begründung, warum es gut ist, wenn jemand so handelt: Verantwortungsbewusstsein, Disziplin oder der Anspruch, einfach eine gute Arbeit zu machen. Das sind unbestritten wichtige Gründe. Es ist auch gut und richtig, diesen Gefühlen und Argumenten zu folgen; solange wir uns selbst dafür entscheiden. Also selbst bestimmen, dass es an diesem Mittwoch kein Schwimmen gibt, selbst bestimmen dass das Familienwochenende ohne mich stattfindet, oder selbst bestimmen, den Kaffee mit den Kollegen ausfallen zu lassen.

Sobald sich hier das Blatt wendet, sieht es schlimm aus: Wenn der Einzelne dazu gezwungen ist, Pausen aufzugeben oder sein gemeinschaftliches Leben zu opfern, nur um sich überhaupt jobmäßig – und übrigens auch im Hinblick auf die

Familienaufgaben – über Wasser zu halten, geht er über kurz oder lang vor die Hunde. Dann wenn wir zu Dingen gezwungen werden, die wir gar nicht tun wollen, entsteht Stress. Der Weg führt unweigerlich in eine Sackgasse: Nämlich in die Bedrängnis, dass ich nicht mehr ohne Extrastunden auskomme und mir Aufgaben ohne Tag- und Nachtschicht aus dem Ruder laufen, Arbeit liegen bleibt oder gar Projekte an die Wand fahren. Im schlimmsten Fall erleben dann Väter und Mütter, die beruflich eingespannt sind, ihre Familie als Bedrohung und ein Samstagnachmittag im Streichelzoo geht nur mit Dauerzähneknirschen über die Bühne: In derselben Zeit hätte man ja dieses oder jenes abarbeiten können. Die Zeit mit der Familie – verschenkte Zeit! Oder die alleinstehende Frau lässt ihre Verzweiflung an der Mutter aus, die sie seit Monaten pflegt – weil das Beisammensein mit ihr nicht mehr wertvoll ist, sondern nur noch ein Klotz am Bein.

Ich denke bei dieser Beschreibung an die Geschichte „Das vorzeitige Begräbnis" von Edgar Allan Poe, dem Meister der Gruselliteratur: Der Icherzähler schildert darin, wie er lebendig begraben wird und nichts anderes tun kann, als seinem Schicksal freien Lauf zu lassen. Er kann die Situation nicht verändern und sieht keinen Ausweg. Außer dass er verrückt wird.

Die Angst davor, lebendig begraben zu werden, heißt Taphophobie. Man könnte auch sagen: Es ist die Angst, die Kontrolle über sich und sein Leben zu verlieren.

Ich kann Ihnen jetzt schwerlich unterstellen, dass Sie Ihre Selbstbestimmung verloren haben. Dazu kenne ich Sie zu wenig. Und so möchte ich gar nicht schreiben, dass Sie vielleicht wissen, wie sich das anfühlt, wenn man die Kontrolle über sich verloren hat und nur noch fremdgesteuert handelt. Auf jeden Fall ist es bitter.

„Ich würde gerne anders handeln – aber ich kann nicht."
Damit wir verstehen, wie es dazu kommt, dass jemand in diese missliche Lage gerät, schauen wir auf die dunkle Seite des Arbeitslebens.

Die Kohlen-aus-dem-Feuer-Holer

„Teamwork." Wenn Sie diesen Begriff in einer Internetsuchmaschine eingeben und dann auf die Einschränkung „Bilder" klicken, verwandelt sich das Fenster auf Ihrem Monitor in eine einzige Märchenwelt: Die Suchmaschine schlägt Ihnen lauter Bilder mit kleinen Gruppen freundlicher Menschen vor. Personen unterschiedlichen Alters um ein Flipchart versammelt, grüne Pfeile zwischen blau umrahmten Begriffen wie „Ziel" oder „Herausforderung" machen deutlich, dass man an einer gemeinsamen Aufgabe arbeitet. Oder eine sommerliche Szene im Grünen, bei der kräftige Hände gemeinsam an einem Tau ziehen. Die Botschaft der Bilder: Gemeinsam sind wir stark. Wir ziehen zusammen an einem Strang. So macht es mehr Spaß als allein. Bilder, die total modern wirken. Und irgendwie märchenhaft.

Ob es Anna auch so sehen würde, der wir zu Beginn des Kapitels einen Besuch im Gemeindebüro abgestattet haben?

Menschen wie Anna gibt es überall. Und sie müssen gar nicht Anna heißen oder als Sekretärin arbeiten. Da ist der Abteilungsleiter in der Versicherung, der am Abend noch einmal die von seinem Team an diesem Tag bearbeiteten Fälle durchsieht. „Stichprobenartig", wie er sagt; und es dann nicht lassen kann, wirklich alle Fälle zu prüfen. Nebenbei investiert er noch eine halbe Stunde, um bei einigen kniffligen neuen

Fällen kleine Anmerkungen zu machen. Anmerkungen, die er dann am nächsten Tag mit seinen Sachbearbeitern durchgehen will. Oder der Schuldirektor, der seinen Lehrern anbietet, jederzeit eine Vertretungsstunde zu übernehmen – und dann, weil es eigentlich permanent Ausfälle gibt, an vier Tagen in der Woche den Vormittag vor den Klassen verbringt und erst ab 14 Uhr zu seiner eigentlichen Arbeit kommt.

Es sind die Typen im Team, die irgendwie die Kohlen aus dem Feuer holen. Die dann einspringen, wenn Not am Mann ist; also praktisch immer. Die längst verloren geglaubte Projekte doch noch retten, die den Zeitplan aufholen, weil sie abends noch eine Extraschicht einlegen. Oder auch am Wochenende „zur Arbeit gehen" – ob physisch im Büro oder am Schreibtisch zu Hause. Nach außen sieht alles nach einem großartigen Team aus – und nach einem enormen Zusammenhalt.

Das Ergebnis ist zunächst tatsächlich großartig. Es klappt, die Zahlen stimmen, man klopft sich gegenseitig auf die Schultern. Auf längere Sicht ist solches Handeln, dass Einzelne die (Firmen-)Welt retten wollen, aber katastrophal. Ich sage dann immer: Diese Hilfe hilft nicht. Im Gegenteil: Sie macht es noch schlimmer. Denn die Macht der Gewohnheit schlägt nach kurzer Zeit gnadenlos zu.

Fehler-Lerngemeinschaft

Eine Gruppe von Leuten arbeitet so zusammen, dass am Ende ein besseres Ergebnis herauskommt; mehr als wenn jeder für sich gearbeitet hätte. Das meint Teamwork. Mehr bedeutet: schnellere Ergebnisse, bessere Qualität, interessantere Ideen, niedrigere Kosten.

Wenn es nun aber immer eine einzelne Person oder die Schultern weniger sind, die die Last des Teams tragen und für Erfolg sorgen, dann verschieben sich die Gleichgewichte. Und zwar nachhaltig.

Wenn sich jemand als Retter in der Not zeigt und wirklich mit allen Mitteln und dem gesamten Arsenal an Überstunden dafür sorgt, dass ein Projekt gelingt, dann gibt es zunächst Anerkennung im Höchstmaß und mitunter überschwängliche Dankbarkeit. Eine Karte mit dem Satz „Hey, was wären wir nur ohne dich!", ein Blumenstrauß oder eine Packung Pralinen vom Konditor erwartet die Teamassistentin am Schreibtisch. Oder der Abteilungsleiter bekommt nach dem durchgearbeiteten Wochenende von seinem Chef ein cooles „Sie haben das echt gerockt!" zu hören.

Man steht als Retter da. Das tut gut. Und schmeichelt sehr. Für den Moment.

Zu dem, was dann passiert, sagt man gemeinhin: etwas macht Schule. Jeder Einzelne im Team „lernt" aus den gemachten Erfahrungen. Der Superheld, der kurzfristig eingesprungen ist, hat einen Weg gefunden, wie er zu Lob und Anerkennung kommt. Zudem hat er sich selbst ja auch etwas bewiesen: Ein bisschen mehr Arbeit geht immer. Und so sagt er beim nächsten schiefliegenden Projekt auch gleich zu. Mit den Worten: „Klar, das kann ich übernehmen. Kein Problem." Wir erinnern uns an Anna…

Bei demjenigen, der die Hilfe vom Kollegen bekommt, stellt sich auch ein „Lerneffekt" ein: Wenn etwas schiefläuft, bekomme ich Unterstützung und kann die Arbeit auf mehrere Schultern verteilen. Es entsteht eine Schicksalsgemeinschaft, von der beide profitieren: die einen, weil sie dadurch

Aufmerksamkeit und Wertschätzung erfahren – die anderen, damit sie ihre Arbeit bewältigt beziehungsweise verteilt bekommen.

Nun könnte man meinen: Hier herrscht ein gutes Geben und Nehmen. Jeder bringt seine Talente ein. Und dann klappt es gut. Teamwork eben. Das Perfide ist nur: Es ist hier kein Teamwork am Walten, bei dem jeder seine Stärken einbringt. Sondern es ist ein Teamwork, bei dem schlichtweg die Schwächen aller kultiviert werden. Aufseiten der vermeintlichen Helfer stauen sich Aufgaben, für die er gar nicht zuständig ist. Mit Überstunden und der Extraschicht an Feiertagen hält man sich gerade so über Wasser. Viele Teilnehmer meiner Seminare erzählen, dass sie sich auf Feiertage freuen, nicht weil dann Wandern oder ein ausgedehnter Kochvormittag auf dem Programm stehen; nein, weil sie dann in Ruhe endlich mal zur eigenen Arbeit kommen. So jemand muss schauen, wie er die eigenen Aufgaben und die vermeintlichen Extrajobs überhaupt stemmen kann.

Dazu kommt ein doppelt belastetes Gewissen: nämlich zum einen das, die Familie und den Freundeskreis zu vernachlässigen. Und zum anderen das schlechte Gewissen, dass man mit seinem Einsatz am Ende vielleicht offenbart, dass der Kollege, dem man gerade hilft, nicht ausreichend arbeitet. Ich finde es immer erschreckend zu hören, dass viele richtiggehend Skrupel haben, die Stunden, in denen man dem Kollegen aus der Patsche geholfen hat, überhaupt auf den Stundenzettel zu setzen.

Doch dabei bleibt es nicht. Die Sache verselbstständigt sich: Mit der Zeit werden die geleisteten Extra-Jobs und Zusatz-Schichten immer unsichtbarer; wenn Sabine sich zum dritten Mal um die fehlenden Unterlagen für die Präsentation gekümmert hat, ist sie die Präsentationsbeauftragte. Frau Wohlfahrt aus der Buchhaltung macht für die darin unsichere Frau Bauer, die eigentlich zuständig wäre, zwei Mal die Monatsabrechnung – schon ist sie Ansprechpartnerin in dieser Sache. Und wenn sie es zu gut gemacht hat, auch gleich für andere Bereiche in der Firma. Allerdings bleibt im vierten Monat die Packung Merci oder das Schulterklopfen im Kollegenkreis aus – es ist ja jetzt normal, dass Frau Wohlfahrt das auch noch macht. Und irgendwie finden es alle besser, dass die Abrechnung jetzt auch wirklich immer auf Anhieb stimmt. Aufgaben sind dann pseudodelegiert: Offiziell macht es Person A – inoffiziell aber Person B.

Derartige Prozesse laufen meist unbewusst ab und sind für die Akteure gar nicht so leicht erkennbar.

Betrachtet man die Vorgänge aus der Perspektive derer, denen vermeintlich geholfen wurde, entsteht ein ganz anderes Bild. Eigentlich ist es ein Blick in den Abgrund. Wenn sie Hilfe erfahren und mal wieder ein verloren geglaubtes Projekt vom Kollegen gerettet wurde, ist das nur die Bestätigung für eine ganz eigene Art von „Projektmanagement": Ich muss jede Zeitvorgabe reißen und die Lage so prekär wie möglich werden lassen – dann kann ich auf das Engagement des anderen vertrauen. Ich muss nur die Dinge aus dem Ruder laufen lassen, dann kommen die Helfer und richten alles. Oder überspitzt gesagt: Erst wenn ich total schlecht arbeite, wird es am Ende gut.

Was hier abläuft ist ein fieser Teamprozess: Starke Teammitglieder, auf die man sich verlassen kann, bekommen noch mehr Arbeit. Und Schwache oder Menschen, die einfach am falschen Ort eingesetzt oder mit den falschen Aufgaben betraut sind, bleiben am falschen Ort und erhalten weiterhin die gleichen Aufgaben – wissend, dass sie es am Ende ohnehin nicht schaffen und es in der Konsequenz oft auch überhaupt nicht mehr versuchen. Die eigentliche Arbeit macht jetzt jemand anderes. Übergeordnete Instanzen finden ein solches System oft noch nicht einmal schlimm – denn die Arbeit wird ja erledigt, und das auf einem hohen Niveau. Und man spart sich die lästigen Diskussionen und den ganzen Ärger mit den Mitarbeitern, die es ohnehin nicht gut auf die Reihe bringen würden. „Das Ergebnis zählt" ist in diesem Zusammenhang ein erschreckendes Fazit.

Für jeden Einzelnen festigt sich in solchen sozialen Systemen eine bestimmte Rolle, die durch Erwartungen und typische Reaktionen definiert ist. Und aus dieser Rolle heraus agieren wir.

Ich will hier keinen Schuldigen benennen, denn alle tragen gleichermaßen dazu bei, dass sich dieses System etabliert. Denn wir alle sorgen dafür, dass es allen schlecht geht. Das meine ich mit Sisyphus-Komplizen.

Selbsterhaltungstrieb

Irgendwann ist der Zeitpunkt gekommen, an dem das Team sich selbst zunehmend schwächt: Die einen brennen aus, weil sie über ihre Kräfte arbeiten und keine Wertschätzung erhalten – im schlimmsten Fall, wenn doch ein Projekt schiefgeht, sind sogar sie es, die die Schuldzuweisung auf sich ziehen. Sie bekommen gesagt: „Wir dachten, wir können wieder auf dich zählen" oder – die fiesere Variante – „Du hilfst wohl nur dem Manfred und der Claudia; wenn bei mir mal Not am Mann ist, hast du keine Zeit". Der Helfer kommt in die Rolle, dass er sich rechtfertigen muss, wenn er sich auf seine eigentliche Arbeit konzentriert und zusätzliche Dinge ablehnt.

Und jene, die im Modus des Hilfe-Annehmens unterwegs sind, stellen sich die Frage, welche Rolle sie überhaupt noch für das Team spielen, wenn ihnen ohnehin jeder die Arbeit abnimmt und der Laden auch ohne ihren Beitrag läuft. Auf solche Kollegen zu zählen, fällt allen Beteiligten schwer.

Bei meinen Seminaren zählt es fast schon zu den Klassikern, dass Teamleiter darüber klagen, dass sie ständig von ihren Mitarbeitern während der Arbeit unterbrochen werden. Ein Telefonanruf über die direkte Durchwahl, ein kurzer Besuch an der halb offen stehenden Tür, oder der Gang zur Toilette, der nicht nur fünf Minuten dauert, sondern eine halbe Stunde in Anspruch nimmt. An Verdauungsproblemen liegt das allerdings nicht. Vielmehr an den Fragen der Mitarbeiter, die ihren Teamleiter direkt ansprechen, wenn er auf den Gang tritt und in ein Gespräch verwickeln – „Nur ne kurze Frage". Der Weg des Teamleiters zum Etagenfarbdrucker, in dem die Ausdrucke mit den Diagrammen bereitliegen, braucht oft ebenfalls dreißig Minuten. Und der Rückweg von der Konferenz mit der Geschäftsführung wieder. Der Ärger, den solche Menschen verspüren, die permanent davon abgehalten werden, das zu tun, was sie sich vorgenommen haben, ist nachvollziehbar. Und umso entwaffnender ist dann die Frage, die ich ihnen stelle: „Warum kümmern Sie sich denn überhaupt direkt um die Anliegen, die an Sie herangetragen werden, und lassen sich stören. Sie müssen ja nicht gleich Nein sagen. Bieten Sie doch dem Mitarbeiter an, in zwei oder drei Stunden damit zu ihnen zu kommen – dann geben Sie ihm die Chance, das Problem bis dahin selbst zu lösen."

So einfach könnte es sein. Und doch sind wir schnell betriebsblind für solche Zusammenhänge. Das liegt an einem paradoxen Zusammenspiel: Zum einen ist das soziale System, das so ein Team bildet, enorm instabil: Jederzeit kann eine Person ausfallen, weil sie krank wird oder unter der Last der anstehenden Aufgaben zusammenbricht. Oder ein Teammitglied vergisst Aufgaben, obwohl es auch sonst nicht so viel zu tun hat. Und gleichzeitig ist das System enorm stabil: Denn es klappt ja letztlich doch das meiste. Schlimme Fehler, die Anlass gäben, von höherer Stelle einmal zu fragen, ob die Besetzung und Aufgabenzuteilung wirklich so sinnvoll ist, werden gemeinsam abgefedert und so vertuscht.

So absurd es klingt: Jeder leidet unter der Situation im Team. Aber niemand kann etwas ändern. Weil alle in ihre Rolle gepresst sind. Wir zwingen uns gegenseitig in Rollen, die uns nicht guttun. Und feiern das Ganze dann als Teamwork.

Kritisch ist der Punkt, an dem niemand mehr das spürt, was er sich so sehnlich wünscht: Selbstbestimmung. Über sich selbst zu bestimmen, hat eben nicht nur mit dem eigenen Willen und den eigenen Absichten zu tun. Selbstbestimmt zu handeln bedeutet vielmehr, anders zu agieren, als es die Menschen um mich herum von mir erwarten. Dann, wenn ich das Gefühl habe, nicht mehr selbstbestimmt zu leben, geben die eingefahrenen Erwartungen und die Rolle, auf die ich mich irgendwann festgelegt habe, den Ton an.

Ich muss ja helfen, sonst gehen die Elternbriefe nicht rechtzeitig raus.

Ich muss ja länger bleiben, alleine würden es die anderen nicht schaffen.

Ich kann nicht anders als auf dich zu zählen, sonst kann ich den Urlaubsplan auch nächste Woche nicht fertigstellen.

Ich kann nicht anders als dich jetzt zu überreden, sonst läuft mir das Projekt aus dem Ruder.

Warum eigentlich?
Woher rührt eigentlich unsere Angst, dass Dinge an die Wand fahren? Warum sagen wir nicht klar und deutlich unsere Meinung? Was fehlt uns, dass wir uns so leicht unsere Selbstbestimmung rauben lassen?

Licht an!

Es war eine dieser langen Fahrten. Am VW-Bus zieht ein Leitpfosten nach dem anderen vorbei. Im Hintergrund thronen die Alpen. Ich bin am Steuer, es geht heimwärts aus dem Italienurlaub, zurück nach Hamburg. Ein Vormittag, irgendwo auf der österreichischen Autobahn. Da fahre ich in einen dieser langen Tunnel. Und auf einmal ist alles stockfinster. Okay, Licht an. Das stand ja sogar auf dem Schild vor dem Tunnel. Aber auch das bringt nichts. Offenbar sind beide Glühbirnen ausgefallen, denn ich habe den Eindruck, dass ich nur mit Standlicht unterwegs bin. Der Kegel der Scheinwerfer reicht gerade einen halben Meter weit. Mir wird unwohl; das ist Mist, das geht doch nicht. Und mein Mann schläft auf dem Beifahrersitz und kann mir auch keinen Rat geben. So schalte ich sicherheitshalber die Warnblinkanlage an und fahre mit 60 Stundenkilometern auf der rechten Spur. Ein Auto nach dem anderen zieht links vorbei. Und ich komme mir vor wie eine blinde Schnecke.

Das waren wohl die längsten 15 Kilometer, die ich je in meinem Leben gefahren bin. Und – ich gebe es zu – auch die absurdesten. Denn als mir schließlich das gleißende Licht der Tunnelöffnung entgegenkam, merkte ich plötzlich, was die Ursache für den „Lichtausfall" war: Ich hatte meine Sonnenbrille noch auf.

Sie können mich ruhig für beknackt halten, dass mir so was passiert. Aber ich sage Ihnen: Genau das passiert täglich. Und zwar nicht nur in diversen Tunnels; sondern in den Büros, Ämtern, Schulen, Kitas und sonstigen Bereichen, wo wir uns bewegen. Zwar nicht mit Sonnenbrille, dafür aber mit der „Brille" eines falschen Wertesystems.

Nicht jeder Wert ist generell und absolut gut. Nicht alles, was in der einen Situation hilfreich sein mag, ist in der anderen Situation automatisch sinnvoll. Jede Situation und jeder Raum, in dem wir uns bewegen, erfordert ein anderes Vorgehen. Ein funktionierendes Wertesystem als Grundlage, um sich gut und adäquat zu bewegen. Eben das macht für den Jugendlichen den Unterschied zwischen seinem Jugendklub, zu Hause und der Schule aus. Für den kleinen Kerl der Raum in der Familie und das Leben in seiner Kindergartengruppe. Oder eben für den Erwachsenen der private Raum daheim und der Beruf. Überall gibt es verschiedene Wertesysteme.

Was ich damit meine, zeigt die Frage nach der Ehrlichkeit: Ich kann ein ehrlicher Mensch sein. Das ist unverzichtbar bei Zeugenaussagen oder wenn mich jemand um eine klare Rückmeldung bittet. Allerdings kommt der positive Wert der Ehrlichkeit an seine Grenze – nämlich wenn es um die Frage der Höflichkeit geht. Wenn ich jemanden ins Gesicht sage, dass die magentafarbene Hose einfach zu knapp gekauft ist und wirklich nicht zum orangen Shirt passt – dann ist das ehrlich. Aber ist es automatisch höflich? Ist es gut? Ich kann alles sagen, was wahr ist. Aber nicht alles, was wahr ist, sollte ich sagen.

Oder denken Sie an die Werte „Geduld und Nachsicht": Das ist zu Hause ungemein wichtig; keine Mutter und kein Vater könnte sonst mit seinen Kindern zurechtkommen. Beides sind Werte, die unverzichtbar sind – zu Hause. Zum

Beispiel beim täglichen Anziehen oder Zähneputzen der Kinder. Auf der Arbeit verführt Geduld eher zu dem Verhalten, auf jeden erbetenen Zeitaufschub des Kollegen mit Verständnis zu reagieren. „Kann ja mal passieren." Ein- oder zweimal sollte man sich wirklich in Geduld üben. Aber irgendwann ist es an der Zeit, klar eine Grenze zu ziehen: *„So, jetzt ist Schluss, du machst es jetzt einfach, es ist deine Aufgabe!"*

Hilfsbereitschaft: Beim ehrenamtlichen Engagement in der freiwilligen Feuerwehr ist das unverzichtbar. Nachts um drei Uhr raus und bei einem Verkehrsunfall im Regen die Straße absperren – nur wenn mir Hilfsbereitschaft wichtig ist, wenn ich diesen Wert lebe, bringe ich mich in einer solchen Herausforderung gut ein. Wenn aber der Kollege es sich zum vierten Mal erlaubt, vor der Software, die sonst jeder bedienen kann, zu kapitulieren und so lange lamentiert, bis einer ruft: *„Okay, ich mach das für dich",* dann geht das genau in die falsche Richtung.

Auch in Sachen Fehlertoleranz gilt es zu unterscheiden. Wenn die Kasse der Pommesbude, die die Pfadfinder beim Straßenfest betrieben haben, am Abend nicht hundertprozentig aufgeht, ist das schon irgendwie in Ordnung; dagegen kann ich nur mit dem Kopf schütteln, wenn ich höre, dass eine Sekretärin die 80 frankierte Umschläge in den Briefkasten wirft, allerdings vorher vergisst, die Briefe in die dafür vorgesehenen Hüllen zu stecken. Das ist echt passiert. Und niemand sagte etwas. Ich kann da nur mit dem Kopf schütteln.

Die Kunst, sich sicher und wirkungsvoll in verschiedenen Alltagssituationen zu bewegen, besteht darin, zwischen den unterschiedlichen Wertesystemen umzuschalten. Also in der einen Situation einem Wert Raum zu geben und in der anderen Situation nicht.

Mit unpassenden Wertesystemen unterwegs zu sein ist in etwa so, wie zu versuchen, mit Uno-Karten Skat zu spielen. Es geht nicht auf. Weil Karten im Zusammenspiel mit den Regeln einfach keinen Sinn machen.

Das ist es, was ich den Teilnehmenden meiner Seminare immer wieder erkläre: Teammitglieder richten am Arbeitsplatz ihr Handeln nach Werten aus, die zu Hause oder in anderen Kontexten wichtig sind. Hier und jetzt aber nicht. Es kann nicht funktionieren.

Ein gutes Beispiel dafür ist die Betonung von Harmonie. Mir wird erzählt: *„Wir verstehen uns total gut. Das ist echt unschätzbar gut!"* Ich werde immer leicht skeptisch wenn ich so etwas höre. Erst recht, wenn Arbeitsgruppen das wie ein Motto vor sich hertragen. Denn ich glaube, dass es unverzichtbar zu einer guten Zusammenarbeit gehört, dass Konflikte da sein dürfen. Dass jeder Einzelne dafür sorgen kann, dass er seine Aufgaben gut erfüllt. Und dass er im Bedarfsfall auch ein deutliches Wort spricht und Grenzen setzt. Wenn Harmonie jedes Gespräch und jeden Austausch bestimmen, kommt nur ein zaghaftes Miteinander heraus. Wenn ein „Nein, ich möchte das jetzt erst fertig machen, dann kann ich dich unterstützen" gleich als Beleidigung oder gar als Absage ans Teamwork verstanden wird, kann niemand mehr frei handeln. Geschweige denn arbeiten.

„Ich helfe dir jetzt nicht – damit ich dir helfe"

Wir sind soziale Wesen, die in vielen unterschiedlichen Kontexten auftreten und agieren. Wir können nur dann souverän handeln, wenn wir flexibel handeln. Und das heißt: Unsere Werte nach dem ausrichten, was gerade wichtig ist. Die Arbeit ist der falsche Ort, wenn wir glauben, dass wir uns jetzt gegenseitig schonen sollten. Denn dann macht uns der Stress erst recht fertig.

Wenn der Einzelne so agiert, dass er es allen recht machen will, macht er es allen (erst recht) schwer. Eben weil wir uns zu viel helfen, sind wir uns gegenseitig keine Hilfe. Uns selbst auch nicht, weil wir uns in Rollen drängen lassen, die zwar kurzfristig Bestätigung hervorrufen und ein Teamwork-Blitzgefühl auslösen. Die aber auf lange Sicht niemandem etwas bringen: weil sie Teams in Strukturen festfahren. Und den Einzelnen die Selbstbestimmung rauben.

Es geht also um die Kunst, flexibel und differenziert mit den Situationen und Räumen umzugehen, in denen ich mich bewege.

Wir müssen wieder lernen, unsere eigenen Aufgaben von denen der anderen zu trennen.

Wir müssen wieder lernen, unsere Werte in unterschiedlichen Kontexten zu gewichten.

Wir müssen wieder lernen, für andere und für sich zu sorgen. Nämlich indem wir ihnen den Raum geben, sich entwickeln zu können. Und auch uns.

Ob das gelingen kann?

Kapitel 7

Diktatur der Supernanny

„Wir haben vor acht Wochen eingeführt, dass unsere Mitarbeiter neben dem normalen kostenlosen Mineralwasserangebot nun auch zwischen kohlensäurefrei und medium wählen können. Ein Angestellter kommt mindestens zweimal am Tag an jeden Arbeitsplatz und bietet das Wasser den Angestellten an. Was die Massagesitze am Rand der Kantine angeht, warten wir noch auf Rückmeldung. Ebenso sind wir gespannt, wie sich die neu gegründeten Yogagruppen auf den Krankheitsstand auswirken: Da hoffen wir, dass sich dieses Angebot bald in positiven Zahlen widerspiegelt." Die Mitarbeiterin der Personalabteilung lehnte sich entspannt an den Türrahmen, nachdem sie mir von den neuen Entwicklungen erzählt hatte.

Wenn ich in Unternehmen komme, um direkt vor Ort zu beraten, ist es mir wichtig, dass ich einen unmittelbaren Eindruck von den Arbeitsräumen gewinne. Nicht weil ich dann überprüfe, ob die Bildschirme und Schreibtischlampen richtig eingestellt oder ob auch genügend Grünpflanzen vorhanden sind. Nein, das zu beurteilen ist nicht meine Aufgabe. Aber die Gestaltung von Räumen verrät mir sehr viel über die Arbeitskultur und das Verhältnis zwischen Unternehmen und Mitarbeiter.

Diesmal hatte mich die Personalleitung eines international tätigen Konzerns eingeladen, um eine Einschätzung zu ihren

Maßnahmen für die Stressreduktion und der Burnout-Prävention zu bekommen und eine grundlegende, langfristige Strategie für das Wohl der Mitarbeiter zu entwickeln.

Die Frau aus der Personalabteilung, die mich gerade durch die Konzernzentrale führte, öffnete nun die Tür zu einem modern eingerichteten Besprechungsraum. Ein großer Designertisch, akkurat ausgerichtete Bürostühle, eine großzügige Fensterfront und geschmackvoll ausgewählte moderne Kunst an den Wänden. *„Ach ja, neben den verschiedenen Entspannungsangeboten haben wir auch eingeführt, dass in den Besprechungsräumen immer auch kleine Saftflaschen und frisches Obst auf den Tischen bereitstehen. Das ist doch gut, oder?"*

Ich musste mich ganz klar ausdrücken, auch wenn meine Antwort die Frau zunächst in völlige Ratlosigkeit stürzte: *„Schaffen Sie das alles wieder ab – das ist kontraproduktiv."*

Trabi-Rallye oder Hochseilgarten?

Firmen und öffentliche Einrichtungen haben sich inzwischen den Themen Stress und Burnout angenommen und Maßnahmen auf die Agenda gesetzt. Da gibt es medienwirksame Schritte wie etwa die bereits erwähnte Begrenzung des Zeitraums, in denen Firmen-E-Mails verschickt werden können – beispielsweise hat Volkswagen vor einigen Jahren die Entscheidung getroffen, dass eine halbe Stunde nach Arbeitsende keine elektronischen Nachrichten mehr auf die Firmenhandys versendet werden. Bei Um- und Neubauten werden gleich Entspannungszonen und leicht erreichbare Teeküchen mit eingerichtet. Damit Meetings so angenehm wie möglich ablaufen können, werden Besprechungsräume mit gesunden Getränken und viel Obst bestückt; ein Block und ein Kugelschreiber liegen ohnehin immer für jeden Teilnehmer bereit. Wenn bei einzelnen Mitarbeitern größere Überstundenzeiten auflaufen, werden manchmal sogar deren Vorgesetzte zum Personalchef zitiert. Überstunden sollen gar nicht erst entstehen. Und vielleicht haben Sie in Ihrem beruflichen Umfeld schon aus der Firmenzeitung oder per Mail Einladungen zur firmeninternen Yogagruppe oder einem Schnupperkurs zur progressiven Muskelentspannung erhalten.

Unternehmen verfolgen damit einerseits das Anliegen, sich als attraktiver Arbeitgeber bei potenziellen Bewerbern und den Mitarbeitern zu präsentieren. Zum anderen wollen sie dafür sorgen, dass ihre Angestellten möglichst gut arbeiten könnten. Entspannt und kaum gefährdet durch Stress oder gar Burnout auszufallen. Der Arbeitsplatz soll vielmehr ein Ort der Erfüllung sein. Denn in einer solchen Umgebung entstehen die besten Ergebnisse.

Zur Attraktivität als Arbeitgeber gesellt sich politischer Rückenwind: Arbeitsministerin Andrea Nahles forderte eine Anti-Stress-Verordnung für Unternehmen, aus der Belastungsschwellen hervorgehen und wie der Schutz des Einzelnen vor Überlastung und Stress auszusehen hat. Die Bundesanstalt für Arbeitsschutz und Arbeitsmedizin ist gerade damit beauftragt, die Richtlinien und Umsetzungsmöglichkeiten zu erarbeiten.

Im Eifer, eine schönere und erfülltere Arbeitswelt zu schaffen, entstehen manche Initiativen. Vor allem das Anliegen, dass Arbeitgeber ihren Mitarbeitern etwas „bieten" müssen, treibt so manche Blüte. Da offeriert eine Berliner Agentur Trabi-Rallyes, die der Teambildung dienen sollen. Und Arbeitsgruppen dürfen vor einem Projektstart zu einem Kochkurs gehen, bei dem dann unter Anleitung eines Profis das Tranchieren von Hähnchen und Forellen erlernt werden. Die

Nachfrage solcher Angebote ist groß und wenn Sie möchten, geben Sie doch einmal acht, wie im Flachland und in den Mittelgebirgen sogenannte Hochseilgärten aus dem Boden schießen: Am Wochenende sind da Familien unterwegs; am Werktag hangeln auf den Seilen zwischen den Bäumen Manager oder Teamleiter mit ihren Kollegen und versuchen, diverse Teamaufgaben in acht Meter Höhe zu bewältigen … „Incentives" heißt das Fachwort dafür.

Firmen machen sich Gedanken, wie es ihren Mitarbeitern auf der Arbeit geht; welches Verhältnis sie zu ihrer Arbeit haben; und wie sie miteinander umgehen. Ich halte das für unverzichtbar. Und auch die Überlegungen zur Verschönerung der Arbeitswelt, Maßnahmen wie der Obstkorb auf dem Besprechungstisch oder der firmeninterne Yogakurs sind nett gemeint; wenn daraus aber Vorschriftenkataloge entspringen, wie Arbeits- und Pausenzeiten zu gestalten sind, welche Tage frei von Besprechungen bleiben müssen, wann E-Mail gelesen bzw. geschickt werden dürfen und wann nicht – oder welcher Urlaubsumfang der richtige ist – tun sich Gräben auf. Denn das Anliegen, den Mitarbeitern zu helfen und für Stressreduzierung zu sorgen, geht dann nach hinten los. Regeln, Vorschriften und Vorgaben, um gegen Stress vorzugehen? Diese Art von Hilfe hilft nicht. Sie schadet.
Ich zeige Ihnen warum.

Gestohlene Verantwortung

Der Fall ging vor einigen Jahren durch die Presse: Ein Gericht wies die Klage eines schwer gehbehinderten Krankenpflegers zurück, der erwirken wollte, dass seine Klinik neben den Frauenparkplätzen auch einen Parkplatz für Behinderte ausweist. Sämtliche Anträge, die der Mann zuvor bei seinem Arbeitgeber abgegeben hatte, wurden zurückgewiesen. Und so blieb dem Mitarbeiter nichts anderes übrig, als sein Auto 500 Meter entfernt im normalen Parkhaus abzustellen und mit Gehhilfen, an manchen Tagen auch im Rollstuhl, zu seinem Arbeitsplatz zu gelangen. Die Begründung des Gerichts lautete, dass keine Einrichtung verpflichtet werden kann, Frauenparkplätze weniger wichtig zu nehmen als die Parkflächen für die Autos Behinderter.

Ein Urteil zu einem Parkplatzstreit. Von Stress ist hier gar nicht die Rede; schon gar nicht von Arbeitsverdichtung und verordneten Ruhepausen. Der kritische Punkt der Geschichte ist auch nicht, wie das Gericht entschieden hat oder wie der Arbeitgeber zuvor mit seinem Anliegen umgegangen ist; nein, der eigentliche Punkt ist die Tatsache, dass der Mann überhaupt vor Gericht gehen musste, um dort sein Glück zu suchen.

Ich frage mich, warum das Problem nicht innerhalb des Betriebs zu lösen war. Im Austausch und im gemeinsamen Erarbeiten einer guten Lösung. Man hätte sich doch unter den Kollegen absprechen und einfach für den Mann einen der Frauenparkplätze freihalten können.

Ich glaube, was hier passiert ist, ist das gleiche Phänomen, das sich einstellt, wenn in Abteilungen Briefkästen mit der Aufschrift Lob, Kritik & Anregungen aufgehängt, wenn feste Regelungen für Pausenzeiten aufgestellt werden oder ein Burnout-Beauftragter benannt wird: Man verliert das Gefühl füreinander.

Wenn der Sachbearbeiter im Bauamt nur noch lustlos und gereizt zur Arbeit kommt, weil sich wegen eines erkrankten Kollegen die Zusatzbelastung für den Rest des Teams auf unbestimmte Zeit verlängert – dann kann er seit Neuestem eine

Beschwerde in den Lob, Kritik & Anregungen-Briefkasten werfen. Ich selbst brauche ihn ja jetzt nicht mehr zu fragen, wie es ihm geht.

Wenn der Abteilungsleiter verzweifelt ist, wie er denn die Umstrukturierungen in der vorgegebenen Zeit schaffen soll – dann kann er sich an den Burnout-Beauftragten wenden. Wir als Mitarbeiter müssen in diesem Fall nicht mehr mitdenken.

Wenn die Teamassistentin darunter leidet, dass sie die Informationen für das Zusammenstellen des Kongressprogramms immer auf den letzten Drücker bekommt – dann kann sie sich ja den Frust beim Betriebsyoga wegentspannen. Auf jeden Fall können wir weiterhin so arbeiten, wie wir meinen.

„Was würde dir denn helfen?" – *„Wie können wir dich entlasten?"* – *„Welche Schritte können wir gehen, damit wir weiterkommen?"* Dort wo Arbeitgeber sich übermäßig dafür einsetzen, dass sich Mitarbeiter wohlfühlen, gibt es diese Sätze praktisch nicht mehr. Denn wenn die Arbeitszeiten vermeintlich stressfrei gestaltet sind, wenn es Angebote zur Entspannung gibt und feste Prozesse ermöglichen, Probleme anzuzeigen, dann werde ich als Einzelner nicht mehr gebraucht. Da brauche ich nicht mehr auf meinen Kollegen zu achten. Für Hilfe und Unterstützung gibt es ja jetzt „Beauftragte" und das Regelwerk.

Die Maßnahmen „von oben" führen zu einer absurden Verschiebung: Selbst wenn der Einzelne merkt, dass es dem anderen gerade schlecht geht, hält er sich in den meisten Fällen zurück. Es ist schließlich nicht seine Aufgabe – für solche Fälle ist alles geregelt. Die Kollegin kann ja die „offizielle" Hilfe in Anspruch nehmen.

Allerdings ist es in Wahrheit anders: Regelungen und Vorschriften befreien in einem solchen Fall nicht – sondern sie engen ein, weil sie unsere Fähigkeit reduzieren, gegenseitig Sorgen und Ängste zu teilen oder selbst für Klarheit zu sorgen.

Die Verschiebungen gehen noch weiter: Der Ort, wo wir Teamfähigkeit und gemeinsame Verantwortung erkennen und einüben sollen, ist nicht das Projektteam oder die Arbeitsgruppe im Betrieb – sondern eine bestandene Herausforderung im Hochseilgarten, beim Teamcooking oder bei der gemeinsamen Lamawanderung. Der Umgang mit derartigen Aufgaben, mit guten und herausfordernden Gruppenprozessen, mit Konflikten und Erfolgen ist nicht mehr untrennbar mit der Arbeit verbunden, sondern wird mehr und mehr von ihr entkoppelt behandelt.

„Komm, wir starten jetzt ein Projekt und vertrauen darauf, dass jeder sein Bestes dazu gibt" – so viel Pioniergeist und Schöpfungslaune ist heute kaum mehr vorstellbar. Bis es zum „Ernstfall" kommt, Mitarbeiter also tatsächlich zusammen Arbeiten und Wirken dürfen, ist es oft ein langer Weg.

Deshalb bin ich so skeptisch, wenn ich höre, dass Unternehmen oder die Politik Vorgaben machen möchten, wie mit Überlastung oder Stress umzugehen ist. Ich glaube, dort wo die Dinge klar geregelt sind und wo es Vorschriften gibt, stellt sich schleichend ein Wahrnehmungsdefizit bzw. ein Verlust unserer Empathiefähigkeit ein. Einfach zu spüren, was im anderen vor sich geht. Auch mal nachzufragen. Und einfach danach zu handeln. Ich glaube, dass genau hinter diesem Wahrnehmungsverlust das gestiegene Bedürfnis nach 360-Grad-Feedbacks steht – also der Wunsch, Rückmeldungen aus verschiedenen Bereichen eines Betriebs zu bekommen. Vielleicht ist der Wunsch gerade deshalb so groß, weil man die Wahrnehmung für den anderen und für das eigene Verhalten verloren hat?

Auf den Punkt gebracht: Wenn Unternehmen beginnen, Regeln einzuführen, wie mit Belastung umzugehen ist,

schwächen sie das Verantwortungsbewusstsein und das Gespür der Kollegen untereinander. Weil ja jetzt das Unternehmen die Aufgabe übernommen hat, darauf zu achten, dass es
allen gut geht.

Aber das ist nicht die einzige Falle, in die Unternehmen auf
dem Regulierungstrip rasseln ...

Entglückt

Ein kurzer Ausflug: Stellen Sie sich vor, Sie sind als Kind in
einem Freizeitpark unterwegs. Am Vormittag sind Sie schon
dreimal begeistert in der Achterbahn gefahren, dazwischen
gab es eine leckere Zuckerwatte, dann kam die rasante Wild-
wasserbahn, der leckere Imbiss mit den Pommes und nun
sind sie gerade dabei, die grandiose Aussicht vom Riesenrad
aus zu ge... – STOP!

Na, enttäuscht? Ich kann es mir gut vorstellen. Denn ein
Tag als Kind in einem Vergnügungspark ist wirklich erfüllend.
Tatsächlich gibt es Menschen, die genau so ihre Arbeit erle-
ben: erfüllend. Für die es ein Genuss ist, einen komplizierten
Steuerfall durchzurechnen oder am Projektabschlussbericht
so lange zu feilen, bis sie wirklich damit zufrieden sind.

Ein Bekannter von mir arbeitet als Verpackungsplaner
bei einem bedeutenden Automobilzulieferer. Wie viele Stoß-
dämpfer braucht der Kunde pro Verpackungseinheit? Wie ist
die ideale Dämpfung für den Transport? Und wie lässt sie sich
kostengünstig realisieren? Er war richtig stolz, als er für das
neue Kupplungsmodell eine Transporthülle entworfen hatte,
die für seinen Betrieb, aber auch aus Sicht des Kunden ideal
war. Freitagnachmittag, kurz vor vier Uhr, ist er fast fertig
mit der Projektbeschreibung und der Kalkulation. Da kommt

sein Vorgesetzter ins Büro: „Herr Mauder, jetzt sind Sie immer noch da. Machen Sie bitte sofort Schluss für heute. Wir dürfen doch keine Überstunden mehr machen, weil das Abteilungskontingent schon erschöpft ist. Fahren Sie gleich den Rechner runter."

Dem Chef war kein Vorwurf zu machen – die neuen Regeln besagten, dass jeder Mitarbeiter maximal 50 Überstunden ansammeln darf. Und die waren in diesem Fall schon überschritten. Für meinen Bekannten war dieser Freitagnachmittag aber eine einzige Demütigung. Denn ihm wurde verboten, das zu tun, was er am liebsten tut: arbeiten.

Wenn Organisationen versuchen, über Regeln dafür zu sorgen, dass Mitarbeiter weniger Stress am Arbeitsplatz erleben, dann sorgen die Regeln dafür, dass einzelne Mitarbeiter Freiheit bekommen – anderen jedoch die Freiheit genommen wird. Viele Menschen, die ich im Rahmen meiner Arbeit und auch privat treffe, sagen mir, wie stolz sie sind, auf das, was sie leisten. Wenn sie abends rein aus Lust und freiwillig in Ruhe noch einmal am Projekt arbeiten. Auf die Idee, die sie beim Joggen entwickelt haben oder unter der Dusche. Jedenfalls fernab der geregelten Arbeitszeit. Wenn nun Arbeitszeitmodelle, Pausenzeitpflichten oder das zeitlich gesperrte E-Mail-Konto ihnen dabei einen Strich durch die Rechnung machen, geben falsch verstandene Maßnahmen keine Hilfestellung, sondern nehmen vielmehr Lebensenergie.

Ganz gruselig wird es für mich immer, wenn ich an das Bild von Arbeit denke, das hinter pauschal verordneten Antistressmaßnahmen steht: Wenn Menschen davor geschützt werden müssen, dass sie nicht zu viel arbeiten, dann müssen Arbeit und die Zusammenhänge, in denen sie geleistet wird, ganz schlimm sein. Eine Beschäftigung, unter der Menschen leiden. Man kann eine solche Denkweise in einem fiesen Satz zuspitzen: Arbeit verkrüppelt den Einzelnen. Den Leuten kann es ja gar nicht Spaß machen, was sie den ganzen Tag tun. Gut gemeinte Regelungen, die die Arbeit nicht erleichtern – sondern erschweren. Darunter hatte ich selbst auch einmal zu leiden. Ich war als Koordinatorin bei einem sozialen Träger angestellt und arbeitete in einem kleinen Team. Genau genommen bestand das Team aus einer höher bezahlten und damit als Vorgesetzte definierten Kollegin und mir. Aus Rücksicht auf mich – ich sollte nicht zu viel arbeiten – führte der Chef Gespräche immer nur mit meiner Vorgesetzten. Ich durfte nicht teilnehmen. Die Folge war, dass meine Kollegin mit mir die Inhalte der Besprechungen jeweils vor- und nachbereitete. Am Schluss blieb mehr Zeit auf der Strecke, als gewonnen war. Die vermeintliche Rücksicht wurde zur Belastung.

„Verschlimmbessern" sagt man dazu. Wenn Firmen zu Supernannys mutieren, beginnt ein Prozess, der sich auf den Einzelnen stärker auswirkt, als man zunächst denkt.

Erlernte Hilflosigkeit

„So sehr ich es mir wünsche: Ich kann den Aufbaukurs leider nicht machen. Mir fehlt einfach das Geld!" Ich lernte die Frau, die mir dies sagte, auf einer Fortbildung kennen. Sie erzählte von ihrem Sohn. Nein, eigentlich klagte sie mir ihr Leid. Der Sohn hatte schon etliche Semester studiert, zwischendrin ein Auslandsjahr mit anschließendem Travel-and-Work absolviert, und sich nun gerade zum dritten Mal wieder von einer Prüfung abgemeldet. Das Studium wollte kein Ende nehmen. „Interessant. Und wie finanziert ihr Sohn das alles?", fragte ich neugierig nach.

„Nun, ich unterstütze ihn finanziell, ich will ja, dass er einen guten Abschluss macht", meinte die Frau, nun etwas nachdenklicher. „Außerdem muss meine Mutter jetzt in ein Pflegeheim und ich will, dass sie dort die beste Versorgung bekommt, die möglich ist. Auch das kostet richtig viel Geld. Da muss ich wohl mal wieder selbst zurückstecken."

Ich habe oft an diese Frau gedacht und wie es der Zufall so will, haben wir uns fast genau ein Jahr später im Hamburger Hauptbahnhof getroffen und gleich wiedererkannt. Strahlend kam sie auf mich zu und ist gleich mit der Tür ins Haus gefallen: „Ich habe meinem Sohn einfach die Grenzen meiner finanziellen Möglichkeiten aufgezeigt. Das hat Überwindung gekostet, weil ich ihn ja nicht hängen lassen wollte. Aber es hat sich gelohnt, so verrückt es klingt. Für beide." Begeistert erzählte sie mir, dass ihr Sohn durch den finanziellen Druck neue Wege gesucht hat. Wenig später fand er eine sehr interessante Halbtagsstelle in einer Firma, die ihn jetzt unbedingt übernehmen will – und gleichzeitig ist er dabei, sein Studium zügig abzuschließen.

Was war passiert? Klar, die Mutter hatte dem Sohn kein Geld mehr überwiesen. Und der Sohn musste plötzlich eigene Entscheidungen für sein Leben treffen – und nun für sich selbst sorgen.

Das ist der Punkt: Er musste für sich sorgen.

Vorher lebte der Sohn in einer Art „Schonraum". Egal wie oft er die Prüfung verschob, egal wie unverbindlich er mit dem Studium oder einer möglichen anderen Ausbildung umging – irgendwie war immer für ihn gesorgt. Er entwickelte sich nicht weiter, obwohl er die finanzielle Unterstützung und alle Möglichkeiten hatte. Mehr noch: Der Sohn hatte sich nicht entwickelt, eben weil er die finanzielle Unterstützung bekam – das trifft den Nagel auf den Kopf. Die Mutter stand also sich und ihrem Sohn im Weg, obwohl sie nur das Beste für ihn wollte. Genau hier möchte ich mit Blick auf die Super-nanny-Firmen ansetzen.

Die Rollenverteilung bei der Fürsorge ist klar: Auf der einen Seite gibt es den Hilfegebenden und auf der anderen einen Hilfenehmenden. Der eine ist hilfreich – der andere ist hilflos. Aus dieser Perspektive fällt noch einmal ein anderes Licht auf das Verhalten von Unternehmen, die sich auf die Fahne schreiben, ihren Mitarbeitern in puncto Stress und Arbeitserleichterung unter die Arme zu greifen: Denn wenn Unternehmen übermäßig Regeln setzen und Maßnahmen ergreifen, damit es ihren Mitarbeitenden gut geht, erklären sie sich selbst zu den Fürsorgenden – zu den Hilfreichen. Und die Mitarbeiter? Zu den Hilflosen.

Die Flasche Mineralwasser, die zweimal am Tag zum Arbeitsplatz gebracht wird, sagt dann: Ohne uns könntest du nicht für deinen Flüssigkeitshaushalt sorgen.

Das kostenlose Obst auf dem Konferenztisch und in der Teeküche bringt zum Ausdruck: Ohne diesen Service würdet ihr euch nicht gesund ernähren.

Der Chef, der seinen Mitarbeiter wegen der Überstunden-gefahr nach Hause schicken muss, bringt zum Ausdruck: Ich glaube nicht, dass du weißt, wann der richtige Zeitpunkt gekommen ist heimzugehen.

Das ab 19 Uhr gesperrte Firmen-E-Mail-Konto sagt dem Nutzer: Du schaffst es nicht, deine Freizeit ernst zu nehmen.

Fürsorge bis zur Gehaltsabrechnung und immer mit einer Zusatzbotschaft im Gepäck:

Das Weihnachts- und Urlaubsgeld kommuniziert unbewusst: Wir glauben nicht, dass du in der Lage bist, so mit deinem normalen Gehalt umzugehen, dass es am Jahresende auch noch für die Geschenke reicht, die du einkaufen möchtest.

Dass wir uns nicht falsch verstehen: Fürsorge des Arbeitgebers ist mir sehr wichtig. Sie ist Teil unseres Gesellschaftssystems. Aber wir sind dabei, das Kind mit dem Bade auszuschütten. So wie bei den überbehüteten Kindern und Jugendlichen, die vor lauter Behütet sein irgendwann überhaupt nichts mehr alleine auf die Reihe bringen.

„Ich habe mich selbst gar nicht mehr gespürt." Das ist ein Satz, der sehr oft fällt, wenn Teilnehmer in meinen Seminaren von ihren Stresssymptomen erzählen und berichten, wie ihnen die Arbeit mehr und mehr zur Last wurde. Kein Wunder! Denn auf dem Weg in ein Burnout spielt nicht nur die Verdichtung der Arbeit eine Rolle – sondern eben auch das, was man sich noch selbst zutraut. Auf was man selbst noch bauen kann. „Ich habe mich gar nicht mehr selbst gespürt" – das meint auch, dass man nicht einmal mehr seine eigene Stärke gespürt hat. Weil sie einem abgesprochen wurde.

Dort wo ich Hilfe angeboten oder gar subtil aufgezwungen bekomme, erhalte ich die Botschaft: Wir trauen dir nicht zu, dass du stark genug bist und auf dich selbst vertrauen kannst. Ein *„Lass mal, ich sorg schon für dich"* wendet sich in ein *„Ich sorge für dich, weil du es nicht kannst"*.

Das was einen Menschen ausmacht, sind seine eigenen Spiel- und Handlungsräume: also wie er die Dinge tut. Und das kann bei jedem Menschen anders aussehen – die eine ist eine Lerche, schon um sechs Uhr hellwach – während die Eule erst am Nachmittag auf Touren kommt. Der eine arbeitet akkurat seinen Tagesplan ab, während der andere einfach seiner Intuition folgt und am Ende des Tages alles einigermaßen geschafft hat. Wenn uns diese Handlungsspielräume genommen werden – wenn man uns stattdessen vorschreibt, was wir wann und wie zu tun oder zu lassen haben – hinterlässt dies tiefe Spuren. Wer sich selbst zunehmend als ohnmächtig und hilflos empfindet, lässt eigene Möglichkeiten und die Initiative dazu links liegen. Menschen, die derart fremdbestimmt werden. erinnern sich vielleicht an den Abteilungsleiter, von dem ich im letzten Kapitel erzählt habe. Den, der auf dem Weg zur Toilette oder zum Farbdrucker immer von seinen Mitarbeitern aufgehalten wird. In seinem Fall wäre schon mit zwei klaren Sätzen zu klären, wann und wie er für die Fragen der Mitarbeiter greifbar ist. Doch die Initiative bleibt aus – weil er sich nicht zutraut, eine eigene Regelung zu finden. Stattdessen verharrt er in der Haltung, dass sich das System ändern soll. Oder der Arbeitgeber soll sich irgendeine Regelung ausdenken, die ihm in diesem Fall hilft.

Ausharren, abwarten, erdulden – daran erkennt man Menschen, die sich nicht entwickeln können. Und auch daran, dass sie nicht glücklich sind in ihrer Situation. So euphorisch die Politik gesetzlich geregelte Antistressmodelle feiert und so glänzend sich das für öffentliche Einrichtungen und Unternehmen nach außen darstellt: Wenn Organisationen ihren Mitarbeitern vorschreiben, wie sie mit Arbeitsbelastung umgehen sollen und welche Regeln es dazu gibt, sorgen sie sich nur scheinbar um das Wohl der Mitarbeiter – in Wahrheit nehmen sie ihnen die Souveränität.

„Die Entscheidung liegt bei dir"

Wer mit Reglements und Vorgaben von außen Menschen helfen möchte, macht sie nicht stark – sondern schwach. Das ist die Falle, in denen die Supernanny-Firmen tappen.

Damit Sie mich hier richtig verstehen: Ich bin absolut dafür, wenn Firmen dafür sorgen, dass ihre Mitarbeitenden nicht von Überlastung, Arbeitsverdichtung und Burnout bedroht sind. Ich glaube aber, dass es der falsche Weg ist zu meinen, dass man sie schützen muss. Ich denke die einzige Möglichkeit ist es, sie so stark werden zu lassen, dass sie sich schützen können.

Das ist ein großer Unterschied, der im Menschenbild liegt: Bei der ersten Variante – schützen muss – unterstelle ich dem Einzelnen, dass er nicht für sich sorgen kann. Dass er sich und seine Stärken nicht kennt. Meine Fürsorge wird übergriffig. Ich kann dann praktisch nur mit pauschalen Lösungen kommen – die vielleicht für den einen Mitarbeiter gut sind, den anderen hingegen demütigen. In welcher Form auch immer: Der Weg führt in die Unselbstständigkeit.

Die zweite Variante – sich schützen können – räumt dem Einzelnen ein, dass er ein Gespür für sich und seine Umwelt hat. Sie lässt die Entwicklung des Einzelnen zu – und fördert sie sogar.

Der Managementberater Reinhard K. Sprenger sagt: „Die Entscheidung liegt bei dir." Dazu habe ich ein volles Ja. Der erste Schritt, aus der Stressfalle zu kommen, liegt nicht gleich im Wandel des Systems. Sondern beim Einzelnen. Daran können wir uns erinnern, wenn wir endlich wieder souverän werden möchten: Dass ich selbst die Dinge in den Griff bekomme. Und ich das auch jedem anderen zutrauen kann.

Was wir dazu brauchen, zeige ich Ihnen. Vorher müssen wir aber noch eine Hürde nehmen.

Kapitel 8

Kaputtentspannt

„Also, dann hätten wir es wieder für heute. Danke fürs Kommen. Frau Drösser verschickt bis Freitag das Protokoll. Und in der nächsten Sitzung am kommenden Dienstag knüpfen wir an dem Punkt an, wo wir heute aufgehört haben. Bis dann!"

Eine ganz normale Formulierung, wie sie täglich tausendfach am Ende eines Meetings, einer Abstimmungsrunde, eines *Jour fixe* oder einer Teambesprechung zu hören ist. In Wirtschaftsbetrieben, Versicherungen, Ämtern, Planungsbüros, Verlagen und an allen anderen Orten, an denen Menschen zusammenarbeiten. Praktisch überall. Das Treffen ist vorüber, 90 Minuten hat man sich ausgetauscht, miteinander diskutiert. Manchmal bleiben anschließend zwei, drei Mitarbeiter noch am Kaffeeautomaten oder einfach so im Gang stehen. Und dann fällt zuweilen dieser verräterische Satz:

„So, zurück an die Arbeit!" Fünf Worte – nicht mehr – und doch sind sie eine einzige Bankrotterklärung.

Im Leerlauf

Die Arbeit muss unter Druck gemacht werden, der tägliche Betrieb im Büro macht fertig und der Aufgabenberg nimmt kein Ende. Es ist leicht, so über Stress zu klagen und alles der

Situation am Arbeitsplatz in die Schuhe zu schieben. Das ständige Ping der eintreffenden E-Mails wäre dann noch das Sahnehäubchen des Gemäldes, mit dem wir der üblichen Bürohektik Ausdruck verleihen. Bei näherer Betrachtung müssten dann Meetings so etwas wie Oasen sein: Orte, an denen wir mit anderen Mitarbeitern gemeinsam Dinge entwickeln, Probleme diskutieren und wirklich tragfähige Lösungen erarbeiten. Ganz ohne störende E-Mails, die unseren Arbeitsfluss permanent unterbrechen. Da viele Profis mit inhaltlicher Kompetenz und sogenannten *Soft Skills* zusammenkommen, gelingt uns hier die notwendige Vernetzung mit anderen Abteilungen, von der immer wieder gesprochen wird. Traumhafte Zustände, oder?

Die Managementberatung Bain & Company hat im August 2014 die Studie *Managing Your Scarcest Resource* veröffentlicht, in der sie das Zeitmanagement in 17 Konzernen untersucht hat. Demnach verbringt die Belegschaft der untersuchten Unternehmen jährlich rund 15 Prozent ihrer Arbeitszeit in Besprechungen. Mit jeder Hierarchiestufe nimmt die Dauer zu – die Sitzungen des Topmanagements eines Unternehmens summieren sich auf circa 7000 Mannstunden pro Jahr. Mehr Meetings und mehr Arbeitszeit in Sitzungen – man könnte meinen, dass hier tatsächlich so etwas wie neue Erfolgsprinzipien für eine gelingende Arbeitswelt zu Tage treten. Mitnichten. Denn der zunehmende Zeitaufwand für Besprechungen ist noch lange kein Beweis dafür, dass sie effizient und beliebt sind.

In Wahrheit gehören Sitzungen zu den verhassten Dingen im Arbeitsalltag vieler Menschen. Zu lange und zu oft trifft man zusammen, viele Teilnehmer kommen regelmäßig zu spät, die Ergebnisse sind mickrig und die Zeiten für Vor- und

Nachbereitung aberwitzig – das ist nur die Oberfläche der Klagen, die Teilnehmer in meinen Seminaren äußern. Und ich bin mir sicher, dass auch Sie alles andere als juhu rufen, wenn man Ihnen ein weiteres Meeting in den Wochenkalender pflanzt. Meetings sind praktisch ein notwendiges Übel, das man über sich ergehen lassen muss. Augen zu und durch.

Ein bemerkenswertes Detail dazu hat die oben genannte Studie zutage gebracht: In einem der untersuchten Unternehmen verschickten 20 Prozent der Konferenzteilnehmer während der Sitzung im Schnitt alle 30 Minuten drei oder mehr E-Mails. Moment, da sitzen Menschen in Besprechungen und nutzen die Zeit nicht für den Austausch, sondern um anderen Dingen nachzugehen? Eigentlich geht so etwas, würde man meinen, überhaupt nicht. Die Konzentration auf das, was gerade dran ist, dürfte entsprechend gering ausfallen. Ein solches Verhalten ist außerdem total unhöflich gegenüber den anderen Teilnehmenden – aber ich kann es gut nachvollziehen.

Stellen Sie sich vor, sie sitzen mit Ihrem Lebenspartner am Tisch und besprechen den nächsten Tag oder einen geplanten Urlaub. Und Ihr Gegenüber hat derweil nichts Besseres zu tun, als auf seinem Smartphone Mails zu beantworten. Das wäre eine Unverschämtheit!

„So, zurück an die Arbeit!" Was diesen Satz auszeichnet ist seine schonungslose Ehrlichkeit und entwaffnende Klarheit: Dann, wenn Sitzungen wieder nur aus Gewohnheit einberaumt und keine wirklichen Entscheidungen getroffen werden, das kärgliche Ergebnis später ohnehin im Protokoll steht und man sich nur hingeschleppt hat, weil Anwesenheitspflicht besteht, empfindet der Einzelne die zurückliegende Zeit als Quelle von Frustration und Stress. Also alles andere als wirkungsvolle Arbeit. Derjenige, der heimlich noch ein paar

Mails schreibt, versucht im Grunde genommen das einzig Richtige in dieser Situation zu machen: *wirklich* zu arbeiten, die Zeit zu nutzen.

Ich will hier nicht herausstellen, dass Sitzungen dazu missbraucht werden, um Schuldige für Probleme zu suchen, dass sie als Foren für das Jammern über allgemeine Missstände genutzt werden oder sich wieder mal als Orte entpuppen, an denen sich die Teilnehmenden spitzfindig in der Diskussion von Details verlieren. Nein, mein Punkt ist ein anderer.

Der Umgang mit nutzlosen Sitzungen und der daraus resultierende Frust sagen grundsätzlich etwas über unsere Beziehung zum Stress aus. Ich bringe es auf eine knappe Formel: Stress kommt nicht nur dann zustande, wenn wir *zu viel* arbeiten – sondern auch wenn wir *gar nicht* arbeiten.

Ich weiß, das klingt überraschend – und hart. Was dahinter steckt, zeige ich Ihnen am üblichen Prozedere einer Krankschreibung.

Hausarrest

„Hallo Karl, wie gehts?" – *„Geht so. Ich halte mich eben an das vom Arzt verordnete Programm: viel spazieren gehen, mich nicht überanstrengen und möglichst strukturiert den Tag bewältigen. Es klappt mal so und mal so. Dienstag gehe ich Schwimmen, um auch meinem Rücken etwas Gutes zu tun. Und diesen Donnerstag ist zum zweiten Mal der Yogakurs dran. Na ja, ich bin ja krankgeschrieben. Ob man will oder nicht: Man darf ja nichts mehr Großes machen."*

Krankschreiben – das bedeutet erst mal: Ein Arzt untersucht jemanden und teilt ihm mit, dass er nicht auf die Arbeit kann.

So ist man das gewohnt. Was damit bezweckt werden soll: Der Körper soll zur Ruhe kommen, die Seele sich auf sich selbst besinnen können. Alles ist wichtiger als zu arbeiten. Das heißt, die Kräfte des Einzelnen sollen nur noch das tun, was zur Heilung dient. Nicht mehr und nicht weniger. Gesund werden können – dazu gibt es die Krankschreibung.

Menschen wie Karl bin ich schon oft begegnet, ihre Zahl geht in die Zehntausende. Es sind Menschen, die aufgrund von Burnout oder Überlastung krankgeschrieben werden. Einfach mal raus aus der Mühle des Alltags, sozusagen die Notbremse für die Stressfalle – das ist das primäre Anliegen. Und in der Tat kann das sinnvoll sein: ein paar wertvolle Tage, an denen sich der Betroffene ausschlafen, die Wohnung aufräumen und sein Leben wieder einigermaßen auf die Reihe bringen kann, das schadet nicht.

Jedoch gibt es auch negative Folgen: Die Dosis macht das Gift. Eine Studie der AOK aus dem Jahr 2010 zeigte, dass psychische Erkrankung die längsten Ausfallzeiten mit sich bringen. Pro „Fall" sind es durchschnittlich 23,4 Arbeitstage. Ganze fünf Wochen! Nicht nur zwei, drei Tage wie bei einer Erkältung, in denen der Einzelne nicht mehr auf die Arbeit kommt. Weil es sich um Durchschnittswerte handelt, gibt es auch Ausreißer nach unten. Und nach oben. Zwei Monate tritt die Sekretärin dann nicht mehr an ihren Schreibtisch, die Controlling-Bereichsleiterin sieht ein Vierteljahr nicht ihr Team oder die Lehrerin ist für ein Drittel des Schuljahres für ihre Schüler und ihre Lehrerkollegen von der Bildfläche verschwunden.

Zugegeben, ich kann nur für Menschen sprechen, die an einer emotionalen Erschöpfung leiden. Trotzdem halte ich es für einen Wahnwitz, Menschen so lange krankzuschreiben. Denn es geht ja nicht um eine Grippe oder einen verstauchten

Fuß – sondern um eine Problematik, die den ganzen Menschen betrifft. Körperlich *und* geistig *und* seelisch. Und das ist ein großer Unterschied, der sich nach ein paar Tagen bemerkbar macht.

Denn dann beginnt die Krankschreibung sich zu wandeln und in einen sozial verordneten Rückzug zu mutieren: Die Genesungspostkarten der Kollegen verstauben auf dem Regalbrett, Anrufe werden seltener und die bekannten Gesichter, die der Einzelne sonst auf dem Weg zur Arbeit gesehen hat, geraten immer mehr in Vergessenheit. Die herausfordernden Aufgaben in der Abteilung, der gesellige Austausch am Kaffeeautomat, das leckere Essen in der Kantine, kurzum all das, was sonst den Lebensmittelpunkt ausgemacht hat, ist von einem Tag auf den anderen einfach weg. Nicht mal mehr den netten Plausch mit dem Tankwart, bei dem man Montagfrüh immer getankt hat, gibt es. Nach einigen Tagen wandelt sich das Glück der Krankschreibung für den Einzelnen in drückende Isolation.

Dazu kommt das Gefühl von Wertlosigkeit; insbesondere dann wenn man merkt, dass die Kollegen die Arbeit nun auch ohne einen selbst (mehr oder weniger gut) stemmen. Ich habe mit einem Abteilungsleiter gesprochen, der wegen Überlastung krankgeschrieben wurde, und bereits nach zwei Wochen nur noch klagen konnte: „Klar war ich gnadenlos überlastet. Aber ich hatte immer einen erfüllten Tag und war gefordert – und jetzt weiß ich nichts mehr mit dem Nachmittag anzufangen, als mit Spazierengehen oder vor dem Fernseher meine Zeit totzuschlagen. Das gibt mir jetzt den Rest. Dabei kann ich mir vorstellen, wie stressig es gerade für meine Kollegen ist. Und ich sitze hier und bin zum Nichtstun verurteilt." Eine solche Frustration ist eigentlich kein Wunder, denn man verlangt dem Einzelnen eine Art *On-off-Fähigkeit* ab: Von einer

Belastung, an die er sich gewöhnt hat, soll er innerhalb einer Nacht auf die völlige Belastungsfreiheit umschalten. Vertraute Tagesinhalte und -abläufe? Das ändert sich nicht so leicht und schnell schon gar nicht. Vielleicht merken Sie das selbst, wenn sie die erste von zwei Urlaubswochen brauchen, um von der Arbeit „runterzukommen“. Doch unabhängig davon, wie das *On-off* dem Einzelnen gelingt, zermürbt es Menschen, wieder „normal“ sein zu wollen – also auch zur Arbeit zu gehen – und es nicht zu dürfen. Die Krankschreibung hilft vielleicht kurzfristig. Auf längere Sicht führt sie den Einzelnen aber in die totale Isolation und nimmt ihm das Gefühl von Wert und Zugehörigkeit.

Diese Gefahr wurde in den Niederlanden erkannt – und dort gibt es auch Maßnahmen dagegen. Ist ein Arbeitnehmer länger als zwei Wochen krank, muss er sich im sogenannten *Arbodienst* zur Begutachtung vorstellen. Dieser Dienst sorgt neben der Arbeitsgesundheit auch für den Arbeitsschutz und die Arbeitssicherheit. Ist der Angestellte länger als sechs Wochen krankgeschrieben zu Hause, muss er gemeinsam mit einem Arbeitsmediziner einen Plan zur Wiedereingliederung entwerfen.

Seit über zehn Jahren setzen niederländische Ärzte sogar auf Arbeit als Therapie: Der Arbeitgeber soll den Krankgeschriebenen durchaus einmal zu Hause anrufen und sich erkundigen, was er noch leisten kann oder möchte. Und er soll ihn fragen, was ihm zur raschen Wiedereingliederung helfen würde. Undenkbar bei uns.

Aber ich mache den hiesigen Ärzten gar keinen Vorwurf. Denn die stecken in der Klemme: Die vom erschöpften Mitarbeiter vielleicht sehnlichst erhoffte Kur können sie nur verordnen, wenn die Krankheit länger fortbesteht und alle anderen Maßnahmen ausgeschöpft sind; und für eine Klinikeinweisung sind die Symptome der Betroffenen meist zu gering. Wer bricht schon auf der Arbeit oder auf der Straße erschöpft zusammen und kann aus eigener Kraft nicht mehr aufstehen? Psychotherapien sind langwierig und im Vorfeld oftmals angstbehaftet. Auch die vom Arzt empfohlene Einnahme von Psychopharmaka stößt bei den Patienten meist auf starke Widerstände. Wer will schon erklären müssen, weshalb er plötzlich zweimal die Woche mittags zur Therapie muss – oder warum er zwischendrin Pillen einnimmt. Und so bleibt nur das Krankschreiben als eine naheliegende Möglichkeit.

Das Prinzip der Krankschreibung lautet: Konzentriere dich auf dich und darauf, dass du schnell wieder gesund wirst. Bei einer Erkältung ist das eine nachvollziehbare Therapie – da sollte man wirklich das Bett hüten, auch um die Kollegen vor den Viren zu schützen. Beim Stress ist diese Strategie ein Holzweg: Ein paar wenige Schritte kommt man weiter – danach steht man in einer Sackgasse.

Für manche Krankgeschriebene wird die Vorfreude auf den Wiedereinstieg in den Beruf zu einer zartbitteren Aussicht: Da ist zum einen das Wiedersehen mit den Kollegen, die vertrauten Gesichter und auch ein zugerauntes „Schön, dass du wieder da bist!". Aber im gleichen Moment zu wissen, dass die Kollegen über mehrere Wochen oder Monate hinweg im Notbetrieb die Abteilung am Laufen gehalten haben und der lange abgestimmte Urlaubsplan über den Haufen geschmissen werden musste – das macht ein Wiedersehen auch kompliziert. Offene oder im Verborgenen gärende Vorwürfe stehen im Raum. Vielleicht der erste Schritt in die nächste Krise?

Längere Zeit nicht zu arbeiten – das macht uns fertig.

Vielleicht werden Sie einwenden, dass es durchaus einen Unterschied macht, ob jemand krankgeschrieben seinen Tag zu Hause verbringt oder auf der Arbeit sitzt. Ja und nein. Wir werden im weiteren Verlauf des Kapitels noch sehen, dass beides doch mehr zusammenhängt, als man zunächst denkt.

Der fromme Wunsch, dass sich die Dinge von alleine ändern

Wechseln wir einmal kurz die Perspektive und schauen aus Sicht der Kollegen auf die Sache. Da ist jemand für ein paar Tage oder für einige Wochen nicht da. Krankgeschrieben, wegen Überlastung. Der Arbeitsplatz bleibt leer. Die Kollegen tauschen sich in den ersten Tagen aus, wie es dazu kam. „Klar, dem Karl gings ja schon länger nicht so gut. Hast du gesehen, wie müde der immer aussah?" Die Kollegen verteilen die Arbeit, manches bleibt liegen. Vielleicht fährt eines der Projekte an die Wand. Und der Chef ist nicht so gut gelaunt wie sonst, weil auch er einige Extraaufgaben mit in sein Büro oder abends mit nach Hause nehmen muss.

Ein paar Wochen später. Noch drei Tage, zwei Tage, ein Tag – dann ist Karl wieder da. Und sitzt wieder an seinem Platz. Er bekommt nach und nach wieder seine Aufgaben zugeteilt, tauscht sich mit seinen Kollegen über die vergangenen Wochen aus, wird auf den aktuellen Stand gebracht. Alles ist wieder normal.

Vielleicht kennen Sie die Rätsel, bei denen man zwei scheinbar gleiche Bildpaare vergleichen soll. „Finden Sie die Unterschiede." Sagen Sie mir bitte: Was hat sich seit der Zeit, in der

Karl krankgeschrieben war, geändert. Gut, da gibt es die Wiedersehensfreude, die wie beschrieben auch vergiftet ausfallen kann. Und Karl hat vielleicht wieder etwas mehr Farbe im Gesicht. Aber die Abteilung, die Abläufe, die Anzahl der mehr und weniger sinnlosen Meetings – all das bleibt gleich. Und Karl ist wieder dort, wo alles angefangen hat. Vielleicht ist der einzige Unterschied sein Vorsatz, dass es nicht noch einmal so weit kommen soll.

Ansonsten ändert sich nichts.

Hier kommen wir zur Parallele der Krankschreibung und dem Wunsch nach Entspannung, Ruhe und Auszeit. All diese Strategien, den Stress und die Belastung in den Griff zu bekommen, haben gemeinsam, dass sie die Situation, in der der Stress spürbar wird, einfach aussetzen. *„Puh, ich halte den Stress hier nicht mehr aus. Ich bin eine Woche weg." – „Ich brauche den Yogaaufbaukurs sonst flipp ich noch aus!" – „Ich muss ein paar Minuten beim Laufbandtraining drauflegen und den Frust abarbeiten."*

Ich will niemandem zu nahe treten und ich habe auch nichts gegen einen Kurzurlaub oder gegen Yogakurse. Allerdings bin ich skeptisch, dass solche Aktivitäten zu einer grundlegenden Änderung oder gar zur Lösung des Stressproblems führen.

Durch die Strategie, den Situationen aus dem Weg zu gehen, in denen ich Stress verspüre, festige ich sogar diese Kontexte. Bleiben wir beim Beispiel Krankschreibung. Die Abteilung ist überlastet, Einzelne gehen an und über ihre Grenzen, auch die Familie der Betroffenen leidet. Wenn nun ein Einzelner krankgeschrieben wird, suggeriert dies allen, dass das Problem jetzt gelöst ist. Einer ist stellvertretend für das System krankgeschrieben worden. Das Problem „Überlastung" ist jetzt an den Krankgeschriebenen delegiert. Oder zugespitzt formuliert: Die Aufgabe „*Werde wieder gesund*" bedeutet: „*Du warst ja selbst schuld, dass du krank wurdest!*"

Damit müssen sich die Verantwortlichen im Betrieb erst einmal keine Gedanken über die Ursachen machen, braucht die absurde Sitzungskultur nicht auf den Prüfstand zu kommen und müssen Aufgabenbereiche und Stellenbeschreibungen doch nicht so ernst genommen werden. Es ist ein Einzelfall – und der Mann, die Frau, ist vermutlich selber schuld, weil er sich immer für Zusatzaufgaben gemeldet und nicht auf seine Gesundheit geachtet hat.

Ebenso löst sich auch der unausgesprochene Konflikt mit dem Partner nicht, wenn ich ihn nie benenne.

Wer zieht morgens die Kinder an? Wer deckt den Frühstückstisch? Warum eigentlich immer ich, wo wir doch beide um 7:30 Uhr aus dem Haus müssen! Eines von vielen Beispielen, wo es gut wäre, seinen Ärger auszusprechen. Stattdessen wird die Unsicherheit und der Frust, dass die Familie auch heute wieder nicht aus dem Haus geht, ohne dass ein Kind weint und ein Elternteil sauer ist, zur Normalität.

Stress zu vermeiden, indem man ihm aus dem Weg geht – ob in Form von Entspannung oder durch eine Krankschreibung – festigt also Stressursachen. Die vermeintliche Hilfe geht nach hinten los. Dabei bleibt es jedoch nicht.

Die Abschaffung des Ichs

In Seminaren mache ich immer eine Übung, bei der die Teilnehmenden der Frage „*Was macht mich aus?*" nachgehen. Die Aufgabe bereitet vielen anfangs Schwierigkeiten. So oft hört man diese Frage ja nicht. Wenn die Runde sich sehr schwer damit tut, gehe ich schrittweise vor, beispielsweise mit Fragen wie: „*Was tue ich gerne?*" Dann kommen unglaublich vielseitige Antworten.

- Ich feile gern an Excel-Tabellen.
- Ich wühle gerne im Garten und setze ganze Büsche um.
- Ich knipse liebend gern verblühte Rhododendrenblüten ab. Ich dekoriere gerne meine Wohnung passend zu den Jahreszeiten.
- Ich kümmere mich gerne um Ordnung und Klarheit bei den Arbeitsabläufen.
- Ich liebe es, mit meiner Tochter zu spielen.
- Ich gehe gerne mit meiner Frau ins Kino.

Die nächste Frage ist dann: „*Was unterscheidet mich von anderen?*"

- Ich habe vier Kinder.
- Ich spreche auch Koreanisch.
- Meine Kindheit habe ich in Indien verbracht.

Ich frage dann weiter nach: „*Was sind meine herausragenden Eigenschaften und Fähigkeiten?*"

- Ich kann exakte Protokolle schreiben.
- Ich kann sehr gut Probleme strukturieren.
- Ich kann gut zuhören.

„*Was sind wertschätzende Kommentare, die Sie schon einmal bekommen haben?*"

- Du vermittelst wirklich überzeugend bei Konflikten
- Du kannst gut trösten.
- Du kannst im Notfall die Karre aus dem Dreck ziehen.

Geburtsort und -datum, Sternzeichen, Augenfarbe oder die Körpergröße: Wenn es darum geht, herauszufinden, wer ich eigentlich bin und was mich ausmacht, sind das vielleicht einige grundsätzliche Daten. Für eine Charakterisierung reicht es allerdings nicht – sonst könnte man ja die Persönlichkeit jedes Menschen im Personalausweis nachlesen.

Persönlichkeit und Identität – also das, was mich unverwechselbar macht und was mich wirklich ausmacht, erschöpfen sich nicht in Zahlen, Daten, Fakten. Auch nicht in Eigenschaften wie groß, dunkelhaarig, schlank oder grauäugig. Sondern sie gewinnen in dem täglichen Tun und Wirken Gestalt. Indem wir also das tun, was wir besonders gut können und worin unsere Stärken liegen, sorgen wir für Selbstsicherheit. Das klingt jetzt ganz schön abstrakt-philosophisch, wird aber deutlich, wenn Sie sich an Situationen erinnern, in denen andere Ihnen gesagt haben: „Super, dass du dabei warst!" oder: „Da können wir einfach auf dich zählen!"

Der Weg, uns selbst zu spüren und selbst zu erleben, führt also über die Tätigkeiten und die Wirkung, die wir erzielen. Für mich selbst gab es solch einen Moment, als ich mein Angestelltenverhältnis beendet hatte und merkte, dass ich auf eigenen Beinen stehen kann –selbstständig gut durchs Leben komme. Da bin ich über mich selbst hinausgewachsen. Und ich erlebe ein derartiges Glückgefühl immer wieder, wenn es mir gelingt, Menschen Klarheit für ihr eigenes Leben zu geben. Das macht meine Identität aus.

Ich denke ab und zu an die DDR und an eines der fiesesten Instrumente des Regimes: Nämlich das Androhen und tatsächliche Ausüben, Lebensläufe einzuschränken. Erpressungen wie „Dann kann Ihre Tochter eben nicht studieren" oder „Wir können Ihrem Wunsch auf einen Arbeitsplatzwechsel nicht zustimmen". Solche Ankündigungen übten auf Menschen einen derartigen Druck aus, dass sie mitunter von ihren Überzeugungen abließen, auch wenn dies noch so schmerzte. Eine von außen bestimmte Identität – und damit der Raub der eigenen Vorstellungen vom Leben – das war eine immense Drohkulisse. Eine Bedrohung, die aber nicht auf ein Unrechtsregime beschränkt bleiben muss.

Bei diesem Prinzip setzt sich das Drama fort, das sich an der Krankschreibung zeigt: Wenn dem Einzelnen der Bereich entzogen wird, in dem er sonst herausgefordert wurde und wo er Bestätigung erfuhr, nimmt man ihm die Chance, weiterhin seine Identität zu leben.

Warum ist das so? Wir wissen nicht nur aus der freudschen Psychologie: Das Selbst entfaltet sich erst im Kontakt. Ohne die relevanten anderen schrumpft es.

Ich weiß, für jemanden der gerade akut in einer Überlastungsphase steckt, ist das alles andere als ein Trost – dennoch sage ich: Gefordertsein ist unverzichtbar für uns. Weil es uns gut tut, wenn wir erfahren, dass wir einen Beitrag zu einem großen Ganzen leisten können. Dass jeder Einzelne von uns unverwechselbar etwas einbringen kann – und es auf ihn ankommt. Daraus resultiert Anerkennung. Und ich meine damit nicht nur ein Schulterklopfen oder einen Smiley in einer E-Mail. Mit Anerkennung meine ich hier die Gewissheit, am richtigen Ort zu wirken, das Richtige zu tun – für die richtige Sache einzutreten.

Die Managerin, die ihre Zeit mit ergebnislosen Sitzungen verbringen muss, ist vielleicht deshalb gestresst, weil sie selbst keine Entscheidungen treffen kann. Weil sie es sich nicht zutraut, weil sie Angst vor Konsequenzen hat oder vor dem scheinbar übermächtigen Firmenpatriarch, der jeden ihrer Schritte argwöhnisch beobachtet. Der Arzt, der in der Hälfte seiner Arbeitszeit Berichte schreiben muss, ist deshalb gestresst, weil er sich nicht um die Patienten kümmern kann, wie er es sich vorstellt. Die Altenpflegerin, die ihre Zeit mit dem Entwickeln von Urlaubsplänen und der Dienstzeitenverwaltung verbringen muss, ist deshalb gestresst, weil sie nicht bei den Hilfsbedürftigen sein kann.

Stress bedeutet: Ich kann meine eigenen Spiel- und Handlungsräume nicht leben. Das meinte ich eingangs mit der Formel, dass nicht das *zu viel an Arbeit* uns Stress bereitet – sondern Stress dann entsteht, wenn wir *nicht arbeiten*. Also Dinge tun, die keine Wirkung entfalten, die keine Bedeutung haben – für mich und für andere. Wenn wir uns selbst nicht mehr spüren, dann wird es prekär. Und wir fühlen uns fundamental bedroht: Das *Selbst* schrumpft.

Situationen, die mich fordern, machen mich sichtbar – für mich selbst und für andere. Ihre Identität kommt für Menschen durch das zustande, was sie tun. Wenn wir versuchen, jedem Stress aus dem Weg zu gehen, alle Hoffnung auf Entspannung setzen oder gar durch eine Krankschreibung daran gehindert werden zu arbeiten, dann nehmen wir uns die Möglichkeit, uns selbst zu spüren und wieder wir selbst zu werden.

Spannungslose Entspannung

Damit hier die Reichweite der Entwicklung klar wird, ist es mir wichtig, noch einmal den Begriff *Entspannung* genauer zu betrachten. Im ersten Moment weckt er Assoziationen an ein Wellnesswochenende oder den Couchabend, an dem man das Telefon ausschaltet und sich mit Chips und einer DVD zurückzieht. Das ist schön. Ich verstehe Entspannung aber weitreichender: Entspannung findet immer dann statt, wenn die Spannung schwindet.

„Unzumutbar!" Diesen Begriff hören Sie, wenn im ICE die Klimaanlage ausgefallen ist, oder ein Zug 20 Minuten Verspätung hat. Aber auch dann, wenn es um die Diskussion von Lehrplänen geht und Prüfungsanforderungen doch nicht heruntergeschraubt werden sollen. Oder dann, wenn Kinder am Wandertag tatsächlich wandern sollen. Und dann, wenn eine Abteilung selbst regeln soll, wie die gerechteste Form ist, den Urlaub zu verteilen – und nicht der Chef.

Ich glaube, dass Entspannung gar kein Versprechen von Ruhe und Erfüllung ist, sondern nur eine Art Ausweichmanöver. Ein Wunsch, um uns vor allem zu schützen, was uns in irgendeiner Weise Stress und Anstrengung bereiten könnte. Also all den Dingen und Situationen, die uns herausfordern könnten.

Wenn wir es uns abtrainieren, mit Stress umgehen zu können, nehmen wir uns die Möglichkeit zur Entwicklung. Dann schafft es der Azubi tatsächlich nicht mehr, die Ausbildung abzuschließen, weil er sich für die Entspannung entscheidet und früh im Bett liegen bleibt, statt in die Werkstatt zu fahren und loszulegen. Dann schafft es die Abteilung nicht mehr, einen schwelenden Konflikt auszutragen und damit zu lösen, weil damit Stress verbunden wäre. Und es wird auch nicht mehr ausgelotet, wie Job und Familie miteinander in Einklang zu bringen sind. Es wird anstrengend – das weiß man – und deshalb lässt man die Finger davon.

Deshalb bin ich derart skeptisch, wenn Entspannung als ein unbedingtes und großzügiges Heilsversprechen gefeiert wird. Wenn wir die Orte verlassen, an denen wir uns gefordert fühlen und uns selbst wahrnehmen, dann bleibt uns nur die Bedeutungslosigkeit. Und es geht uns die Antwort auf die Frage verloren, wer wir eigentlich sind. Dann wäre es die Entspannung, die uns steuert. Und nicht mehr wir selbst.

Sich selbst zu finden bzw. zu wissen, wer man ist – das ist nicht etwas, was man theoretisch planen und festlegen kann. Es geht nur im aktiven Tun: Der frischgebackene Vater, der unsicher ist wie er selbst die neue Rolle ausfüllen kann, kommt auch nach der Lektüre von zwanzig Eltern- und Väterratgebern nicht an den Punkt, dass er genau weiß, was es für *ihn* bedeutet, Vater zu sein. Die Antwort greift tiefer. Er muss sie im Handeln mit seiner Tochter erfahren. Erleben, wie sie ihn anlächelt – aber auch wie er mit ihr auf dem Arm eine ganze Nacht im Flur auf und ab geht, weil sie Bauchweh hat und nicht schlafen kann. Die Frau, die um ihre verstorbene Mutter trauert, kommt nicht daran vorbei, für sich selbst die richtige Form der Trauer zu finden. Und das Paar, das sich uneins ist, in welche Wohnung es ziehen soll, kann sich eine Entscheidung nicht aufsparen, wenn die alte Bleibe wegen Eigenbedarf gekündigt wurde. Wir können das Leben nicht wegentspannen oder uns davor drücken.

Wege entstehen dadurch, dass man sie geht – das ist ein Zitat, das Franz Kafka zugeschrieben wird. Und ich glaube es trifft die Sache sehr gut: Indem wir uns Herausforderungen stellen, kommen wir weiter – und finden zu uns.

Kapitel 9

Lieblingsstress

Das Gesicht wird immer blasser und auch der safrangelbe Sari lässt die indische Mutter nicht vitaler aussehen. Ihr ist offenbar speiübel. Der ICE fährt ruhig dahin, kaum ein Ruckeln ist zu spüren, aber die am Fenster vorbeifliegende Landschaft macht der jungen Frau dennoch zu schaffen. Dazu kommt die quengelnde kleine Tochter auf ihrem Schoß. Jedenfalls hat sie es verzweifelt eilig, auf die Bordtoilette zu kommen. Sie öffnet die Tür, sieht, wie eng es darin ist und stürzt mit panischem Blick sofort wieder raus.

„I can take her, no problem", sagt die Geschäftsfrau im Businesskostüm, die mit ihrem Rollkoffer im Gang steht zu ihr. Sie lächelt das Kind an, nimmt es auf den Arm, die Mutter verschwindet auf der Toilette. Da ertönt die Durchsage *„Meine Damen und Herren, in wenigen Minuten erreichen wir Frankfurt Hauptbahnhof."* Dort muss Frau Babysitter aber aussteigen. Ihr Puls geht hoch. Und das Kind auf ihrem Arm schaut immer unglücklicher und fängt an zu strampeln. Stress pur!

Der Zug läuft bereits in den Bahnhof ein, da kommt die Inderin in letzter Minute heraus. Sie drückt beide Handflächen gegeneinander und verneigt sich mit strahlend dankbarem Blick, bevor sie ihre Tochter wieder aufnimmt.

Die Geschäftsfrau steigt mit dem Gefühl aus, die wertvollsten vier Minuten dieser Zugfahrt erlebt zu haben.

Nicht das Gegenteil von Glück

Warum juchzt ein Kleinkind vor Freude, wenn es hochgeworfen und wieder aufgefangen wird? Warum verzichtet kein großer Freizeitpark der Welt auf eine Achterbahn? Bungeespringer, die sich an einem Gummiseil mehrere Hundert Meter in die Tiefe stürzen, strahlen, grinsen und lachen anschließend stundenlang. Oder warum spürt der Redakteur der Tageszeitung, der noch 20 Minuten bis zum Redaktionsschluss hat, um den Kommentar zur Europawahl abzugeben und es am Ende punktgenau schafft, ein absolutes Glücksgefühl?

Ich kenne das von mir selbst: Für meine Seminare bin ich oft unterwegs; für vier oder fünf Tage fahre ich dann mit dem Zug in eine Großstadt oder auch an einen Ort in der sogenannten Provinz. Der Termin steht seit Wochen im Kalender, die U-Bahn-Abfahrtszeiten hängen am Pinnbrett, das Zugticket lässt keinen Zweifel aufkommen, trotzdem, es ist verrückt, der Koffer ist noch nicht gepackt. Erst 15 Minuten vor Verlassen des Hauses fange ich damit an. Auf die kopfschüttelnd geäußerte Frage *„Warum machen Sie sich so einen Stress?"* müsste ich antworten: *„Weil es mir Spaß macht. Es fühlt sich toll an, so schnell und effizient zu sein. Und außerdem bewundern mich die anderen dafür."*

Da befinden sich Menschen in kniffligen Situationen – für ihre jeweilige Aufgabe ist die Zeit absolut knapp bemessen und es gibt keine zweite Chance; oder man steckt in einer Situation, die man nur unter Aufbietung aller Kräfte steuern kann. Das führt zu Stress. Und macht die Betroffenen doch nicht fertig. Da stehen Menschen unter Hochdruck – und sind glücklich dabei.

Offenbar ist Stress nicht einfach nur ein Gefühl oder ein Zustand – da kommt mehr zusammen. Sonst würden die

Achterbahnmomente unseres Lebens sich doch ganz anders anfühlen.

Stress ist also nicht immer Unglück – sondern erzeugt auch Glücksmomente.

Ich bin überzeugt, dass wir hier den Schlüssel zum richtigen Umgang mit dem Stress finden, der uns so zu schaffen macht. Gehen wir dem Ganzen also nach und fragen, was denn da eigentlich passiert, wenn es „stressig" wird.

Wie bei uns die Chemie stimmt…

Gehen wir auf die Ebene des Körpers und schauen auf das Zusammenspiel der Hormone. Im Gehirn haben wir einen archaischen kleinen Impulsgeber, der seine Funktionalität voll entfaltet, wenn es darum geht, uns in den richtigen Arbeitszustand zu versetzen: Das Mandelkern-Pärchen. Die Wissenschaft nennt es Amygdala – das heißt übersetzt tatsächlich Mandel oder Mandelkern. Sieht sich der Mensch nun mit einem plötzlichen Ereignis, einem Reiz, einer besonderer Herausforderung oder Gefahr konfrontiert, schlägt die Amygdala Alarm – und sorgt dafür, dass der Körper sofort einen ganzen Hormoncocktail ausschüttet. Führend ist dabei das Adrenalin. Das geschieht nicht gemächlich oder infolge theoretischer Überlegungen, sondern in Bruchteilen von Sekunden durch einen automatisch ablaufenden Prozess, reflexartig.

Diese schnelle Reaktion hat sich seit Urzeiten bewährt: In plötzlichen Gefahrensituationen muss automatisch und rasch gehandelt werden. Die Amygdala erzeugt eine Kampf-oder-Flucht-Reaktion. Adrenalin schießt ein, erhöht die Herzschlagfrequenz, stoppt die Verdauung, flutet die Muskulatur mit Sauerstoff, fokussiert alle Sinne auf das jetzt Wesentliche.

Gleichzeitig werden Endorphine ausgeschüttet, körpereigenes Morphium. Wer sich in einem solchen Zustand verletzt, spürt für den Moment kaum Schmerzen; ist geradezu euphorisch, kann quasi „fliegen".

Erst eine leistungssteigernde, glücklich machende Stimulation, dann die Gewissheit und die Freude, es geschafft zu haben. Ein tiefes Zufriedenheitsgefühl stellt sich ein. Das tut gut.

Aber damit Sie mich nicht missverstehen: Niemand möchte von einer akuten Katastrophe bedroht werden. Wenn Ihr Unternehmen, Ihr Arbeitgeber, in seiner wirtschaftlichen Existenz bedroht ist, dann ist diese Gefahr real. Es ist keine spaßeshalber simulierte „Gefahr" wie in der Achterbahn. Der lustvolle „Kick" beim Bungee- oder Fallschirmspringen ist ja nur möglich, weil Sie der objektiv technischen Sicherheit der Einrichtung und der Kompetenz ihrer Betreiber vertrauen können. Das ist im „richtigen Leben" oft nicht der Fall und soll hier keinesfalls schöngeredet werden. Wenn Ihr Kleinkind voller Stolz über die neu gewonnene Aussicht auf seinem Hochstuhl balanciert und jederzeit mitsamt dem Teller voller Brei und dem Becher Milch auf den harten Küchenboden krachen kann, ist das nicht lustig. Und der Moment, in dem der Außendienstler merkt, dass er sein Mobiltelefon samt Mustermappe beim letzten Kunden vergessen hat, ebenso. Es ist im Wortsinn „übel stressig" und hat mit reizvollem Adrenalin-Surfen nichts zu tun.

Aber: Das beschriebene hirnphysiologisch-biochemische Programm der blitzschnellen Rettung setzt sich auf eine Weise fort, die für unsere Beurteilung von Stress wichtig ist. Der steile Adrenalinabfall *(„puh, das wäre geschafft")* verursacht zunächst zitternde Knie und ein unwiderstehliches Bedürfnis, sich erst einmal auszuruhen. Doch genau das darf jetzt nicht geschehen.

Hatten unsere urzeitlichen Vorfahren auf der Flucht vor dem Mammut den rettenden Baum erklommen, durften sie nun trotz großer Erschöpfung auf gar keinen Fall einschlafen. Jedes Rascheln, jede komische Bewegung im Gebüsch mussten sie ganz genau mitbekommen: hyperaufmerksam, wach und empfindlich. Und sie mussten jede Veränderung zunächst unbedingt als Gefahr interpretieren, um sich nicht in falscher Sicherheit zu wiegen und zu früh wieder vom Baum runterzuklettern. Deshalb kommt kurz nach dem Adrenalin noch ein weiteres Hormon ins Spiel: das Cortisol. Dieses Hormon führt unter anderem dazu, dass wir wach und aufmerksam werden. In der Gefahrensituation ist das lebensrettend, wenn wir aber nachts zur Ruhe kommen wollen, hält uns ein über den Tag aufgebauter hoher Cortisolspiegel von einem gesegneten Schlaf ab.

Nun hat das Cortisol aber glücklicherweise auch „Gegenspieler", die das Ganze in der Balance halten. Dazu gehören unter anderem das DHEA (in der Langversion: Dehydroepiandrosteron) oder auch das Oxytocin. Diese Hormone sorgen dafür, dass der wach machende Cortisolspiegel uns nicht komplett überdreht, sondern nach und nach wieder abgebaut wird und wir zur Ruhe kommen können. Das braucht dann allerdings Zeit.

Es sind also körperlich gesehen wechselnde Kräfte am Werk, wenn es darum geht, uns von der Ruhe zur Aufmerksamkeit und Aktion zu bringen – und später wieder zurück in die Ruhe. Das gilt für die frühen Menschen ebenso wie für uns heute. Ein uraltes Programm.

Ob es die nachdrücklich formulierte E-Mail des Chefs ist, der mich nach dem Projektzeitplan fragt, das Kind, das die Senftube auf den Teppichboden ausgedrückt hat und nun zur

Mutter hochschaut, die gerade das Zimmer betreten hat, der dritte Looping der Achterbahn, der uns gerade auf den Kopf stellt oder ob der Artikel für die Zeitung auf den letzten Drücker fertig wird: Auf der körperlichen Ebene macht das keinen Unterschied.

Das heißt: Die Antwort auf die Frage, warum mich die eine heftige Herausforderung glücklich macht, während die andere mich erschöpft, muss an anderer Stelle zu finden sein.

Am richtigen Platz

„Am Donnerstagmorgen konnte ich mal richtig gut arbeiten – da lief es wie geschmiert und der Projektantrag war so schnell fertig wie noch nie. Mittags habe ich dann festgestellt, dass ich das E-Mail-Programm geschlossen hatte – und wohl deshalb so gut vorankam. An anderen Tagen ist an Arbeiten gar nicht so recht zu denken. Dauernd wird man unterbrochen."

„Wenn es die Vorschriften nicht gäbe, könnten wir hier echt was leisten! Aber so mache ich vor allem deshalb Überstunden, damit am Schluss alles bis ins Detail korrekt dokumentiert ist – und nicht, damit die Dinge fertig werden."

„Kaum ist man mal in Ruhe mit einer Sache beschäftigt, muss man auch schon wieder in die nächste Sitzung."

„Ständig wechseln die Organigramme; ein einziges Umstrukturieren. Das heißt ich habe in der eigenen Firma ständig wechselnde Ansprechpartner. Aber nie jemanden, der wirklich Auskunft geben kann."

Ich komme in viele Unternehmen und treffe Menschen aus sämtlichen Branchen, Bereichen und Hierarchiestufen. Klagen und der Kummer über die Situation auf der Arbeit – aber auch im Privaten – gehören bei den Begegnungen und Seminaren jedes Mal dazu. Das ist sogar wichtig für den Lösungsprozess: Erst wenn benannt ist, was einem zu schaffen macht, kann man es auch in den Griff bekommen.

Richtig spannend wird es aber, wenn ich frage: *„Was läuft denn gut, wovon würden Sie gerne mehr machen?"* Nach einer kurzen Irritation, weil ich noch mehr Arbeit ins Spiel bringe, kommt dann ziemlich rasch die Aussage: *„Ich will endlich wieder das arbeiten, für das ich mich einmal entschieden habe, als ich die Stelle antrat."*

Das heißt konkret:

- Die Krankenschwester möchte sich um ihre Patienten kümmern und keine Zeit mit dem Führen von Statistiken und Zeitaufstellungen verbringen.
- Der Lehrer träumt davon, sich für jeden einzelnen Schüler engagieren und den Unterricht optimal vorbereiten zu können. Und er trauert um jede Stunde, die er stattdessen in Konferenzen und Planungsausschüssen verbringt.
- Die Sachbearbeiterin auf dem Versorgungsamt will Bedürftigen schnell und effizient helfen können – und sich nicht als Springerin in ihrer Abteilung verlieren und als Lückenfüllerin einstehen, wenn in der Nachbarabteilung „Not am Mann" ist.
- Der Vertriebsleiter möchte sein Team von Außendienstlern gut koordinieren und auf dem bestmöglichen Stand halten – und nicht in Projektgruppen zum Thema Betriebsbrandschutz sitzen.

Das klingt zunächst banal. Bei näherem Hinsehen gewinnen die Wünsche aber enorm an Tiefe: Der Einzelne klagt nämlich letztendlich nicht darüber, dass er zu viel Arbeit hat – sondern darüber, dass er Dinge tun muss, die ihm nicht entsprechen. Fast jeder Teilnehmer kann solche Arbeiten aufzählen – manche reden sich da regelrecht in Fahrt: *„Bei uns gibt es diesen Doppelkommunikationswahnsinn: Spreche ich mit einem Kollegen aus der anderen Abteilung, endet das Telefonat meist mit der Bitte, dass ich ihm das Ganze noch einmal als E-Mail schicke. Irgendwie versucht sich so jede Abteilung bei Informationen und Entscheidungen abzusichern. Ich könnte ausflippen."* Die Klagen drehen sich um Beschäftigungen, die der Einzelne tun muss, aber nicht für sinnvoll erachtet. Und die ihn daran hindern, seine eigenen Aufgaben zu erledigen. Der größte Wunsch ist also, endlich wieder *richtig* zu arbeiten. Damit meine ich, dass Menschen das tun, womit sie wirklich etwas bewirken. Wohlgemerkt: Was sich als Bedrohung für den Einzelnen herausstellt, ist nicht dass er zu viel arbeitet; sondern dass er daran gehindert wird zu arbeiten.

Ich war zunächst verwundert, dass viele Aufträge für meine Seminare aus der Verwaltung kommen. Bis ich dann merkte, dass hier die Vorschriften, Kontrollinstanzen, Dokumentationspflichten und Rückfrageschleifen besonders verbreitet und ausgeprägt sind. Oder anders formuliert: Dass hier diejenigen Elemente im Arbeitsalltag außergewöhnlich stark ausgeprägt sind, die die Arbeit in besonderer Weise immer wieder unterbrechen und ein Vorankommen ausbremsen. Das macht fertig.

Es lohnt, sich den Unterschied zwischen Muße und Langeweile klarzumachen. Muße ist selbst gewählte und -bestimmte Zeit – ein Raum, den ich selbst gestalte und der mir Ruhe und Klarheit gibt. Langeweile ist oberflächlich gesehen ähnlich;

allerdings mit dem Unterschied, dass ich hier nicht das tun kann, was ich gerade möchte. Also gezwungen bin, ein Nichtstun auszuhalten. Ich will etwas anderes machen – und darf nicht. Da könnte ich manchmal in die Tischkante beißen.

Als Kontrastprogramm denke ich oft an die Begegnung mit einem Arbeitsteam aus einem Bürgeramt. Dort gab es geregelte und familienfreundliche Arbeitszeiten und großzügig bemessene Urlaubskontingente; die Computer waren auf dem neusten Stand und sämtliche Arbeitsplätze von einem Ergonomiebüro eingerichtet. Man hätte meinen können, dass von Stress, Überlastung und Burnout-Gefahr nicht die Rede sein kann. Eigentlich. Denn im Verlauf des Seminars fragte ich, was denn das Beste war, was ihnen in den letzten Monaten auf der Arbeit passiert ist. Sie mussten nicht lange nachdenken und erzählten gleich von dem Fall, als eine alleinerziehende Mutter dringend einen Krippenplatz brauchte – und das Team innerhalb eines Tages alles unter Dach und Fach brachte. „Ehrlich gesagt, wir haben da jeden kurzen Dienstweg genommen, den es gab. Und mal richtig zusammengearbeitet. Am Ende waren wir genauso glücklich wie die Frau, dass alles so gut geklappt hat."

Ich kann mir vorstellen, dass die Leute aus diesem kleinen Team mit der ganzen Aktion echt viel zu tun hatten. Kindergärten und Tageseinrichtungen abtelefonieren, in der Mittagspause schnell einen Bescheid mit der Arbeitsagentur klären, Rücksprache halten und alles direkt für die interne Dokumentation und die Zuschüsse durch das Amt für Jugend und Soziales bestätigen. Daneben galt es noch das sonstige Tagesgeschäft zu bewältigen.

Und doch sagten mir die Mitarbeiter nicht: *„Puh, war das stressig!"* – sondern: *„Das war des Beste, was uns im letzten Jahr passiert ist!"* Dabei leuchteten ihre Augen! Da wurden

Menschen gefordert – nicht entlastet. Und sie waren richtig glücklich.

Lieblingsstress.

Die Frage nach dem schlechten und dem guten Stress, also dem Stress, der uns belastet, und dem Stress, der uns erfüllt, hat also damit zu tun, welche Wirkung ich erziele. Ob uns etwas stresst oder nicht, liegt also nicht an der Arbeit an sich – sondern in der *Beziehung*, die wir zu dem haben, in das wir unsere Energie stecken.

In den letzten Jahren wird im Zusammenhang mit Burnout auch öfter von Boreout gesprochen – einem Zustand, in dem der Einzelne keine Freude mehr an der Arbeit hat, weil sie ihn nicht mehr fordert. Sie ist *boring*, also langweilig. Fast schon wie in einer Beziehung, die in den letzten Zügen liegt: Die Partner haben sich nichts mehr zu sagen. Ihr Zusammensein langweilt beide nur noch.

Entscheidend ist also die Frage: Welche Rolle spiele ich bei dem, was ich täglich mache? Oder anders gesagt: Was macht die Arbeit und all das, in das ich meine Energie investiere, mit mir?

Unikate

„Was glaubst du eigentlich, wer du bist?!" – wenn diese Frage fällt, ist meistens die Situation am Kochen. So kurz vor dem Werfen von Geschirr. Auf jeden Fall ist dann ein Streit komplett am Eskalieren. Schade eigentlich, dass uns dieser Satz nur in Form von Vorwürfen begegnet; dabei ist er doch so stark.

Was glaubst du eigentlich, wer du bist?!

Als Fantasiereise und in neugieriger und freundlicher Erwartung gestellt, wäre die Frage viel fruchtbarer: Wäre ich gern Weltbevölkerungskonferenz-Vorsitzende, weil ich andere von etwas überzeugen kann? Wäre ich eine gute Lehrerin? Kann ich anderen etwas zeigen, was ihnen guttut? Kann ich Menschen motivieren?

Damit wir uns aus dem negativen Stress befreien können, ist es unsere Aufgabe, so zu arbeiten, dass wir uns selbst in unseren Tätigkeiten wiederfinden. Die Arbeit muss eine Bedeutung für uns haben – und wir selbst für die Arbeit ebenso. So wie an jenem Tag, an dem das Team im Bürgeramt gezeigt hat, was es wirklich kann. Oder das Erlebnis der Businessfrau im Zug, das ich zu Beginn des Kapitels geschildert habe. Für die indische Mutter wurde sie zu so etwas wie einem Engel. All diese Menschen haben sich selbst gespürt. Sie haben einen Beitrag geleistet, der Sinn gestiftet hat. Mit ihrer Arbeit, mit ihrer Energie und mit ihrem Einsatz haben sie dazu beigetragen, dass die Dinge besser werden. Und zwar nicht mit *irgendeinem* Beitrag, sondern mit *ihrem eigenen unverwechselbaren* Beitrag.

Aktiver Stress – passiver Stress. Das ist die Unterscheidung, die uns weiterführt.

Passiver Stress herrscht dann, wenn ich unter den Dingen leide, die ich angeblich zu tun habe. Er macht mich im wahrsten Sinne des Wortes zum Patienten – zum geduldig Leidenden. Das können die sinnlose Teamkonferenz am Donnerstagnachmittag sein, die Dokumentationspflicht von Absprachen unter Kollegen oder die zwei Stunden, die der junge Familienvater mit seinem kleinen Sohn im überhitzten Krabbelgruppenraum verbringen muss – obwohl er in dieser

Zeit viel lieber mit dem Joggingkinderwagen draußen unterwegs wäre. Passiver Stress – das ist der Stress, der uns fertigmacht. Weil er uns falsch belastet, und zwar mit Dingen, die nichts mit uns zu tun haben.

Aktiven Stress empfinden wir dann, wenn wir voll und ganz in der Arbeit aufgehen – wenn zwei Lektoren aus einem Verlag sich um 22 Uhr abends noch eine Pizza kommen lassen und an der Fotoauswahl für einen Bildband feilen, wenn der Schreiner noch einmal eine Leiste neu fertigt, damit die Küche perfekt ist und wenn die Nachbarin am Freitag die lebhaften Kinder der jungen Familie für zwei Stunden zu sich nimmt und mit ihnen einen Kuchen backt, damit die Eltern mal durchschnaufen können. Der aktive Stress lässt uns Wertschätzung und Anerkennung erfahren. Und zwar nicht nur für das, was wir tun, sondern auch für das, was wir sind und wie wir sind.

- Ich kann die sein, die ich bin – nicht nur eine halbe Version von mir.
  Oder eine Zehn-Prozent-Variante.
- Ich kann mich entfalten. Aus meinen Ressourcen schöpfen.
- Ich erahne dabei mein Potenzial – was ich zu leisten imstande wäre, was meine Zukunft sein könnte.
  Dieser Stress macht glücklich. Denn durch mein Handeln weiß ich, wer ich bin.

Wenn ich könnte, wie ich wollte ...

Sie werden lachen: Da sitzen vernünftige Erwachsene wie Kinder auf dem Teppich und schneiden mit der Schere Bilder aus Zeitschriften aus. Auf einer Pappe arrangieren sie die Fundstücke, verschieben sie manchmal noch etwas, ergänzen Motive und kleben dann alles auf.

Ich weiß: Die Frage nach dem, wer wir eigentlich sind, klingt immer sehr hochtrabend. Manchmal auch so hoch, dass sie unerreichbar erscheint. Aber einige Ausgaben vom *Stern*, vom *Spiegel*, der *Brigitte*, diverse Ikea-Kataloge, Reiseprospekte, Hobbyzeitschriften und Tageszeitungsbeilagen reichen, um der Antwort etwas Rückenwind zu geben. „Wenn ich könnte, wie ich wollte" – das ist die Aufgabe, die ich den Teilnehmenden stelle. Und dann dürfen sie loslegen und ihre eigene Collage als Antwort auf die Frage erstellen. Es kommen dabei erstaunliche Erkenntnisse über ihre Selbstwahrnehmung heraus, manchmal aber auch über ihre innere Werteskala. Nicht nur inhaltlich, sondern auch formal. Eine Teilnehmerin formulierte es so: „Ich habe ein Vogelnest hingeklebt. Wir sind so oft umgezogen, mein Mann ist beruflich viel unterwegs, aber ein festes Zuhause, eine heimatliche Verankerung, bedeutet mir trotzdem viel."

Weil wir von links nach rechts *schreiben*, bebildern wir Fotoalben in der gleichen Weise – und auch die Collagen, die ich von den Teilnehmern erstellen lasse, lesen sich so. Dinge, die in der Vergangenheit liegen, positioniert man eher links, Zukünftiges eher am rechten Rand der Collage. Das, was „mittig" oder sehr großformatig ins Zentrum geklebt wurde, stellt sich im Gespräch dann auch meist als „zentral" heraus. *„Im Zentrum meines Lebens steht…"* oder *„am wichtigsten ist mir in meinem Beruf…"* oder *„in unserer Partnerschaft streben wir besonders nach…"*
Wichtig, hoch notiert, unverzichtbar.

Ich erzähle Ihnen das, um Ihnen die Angst vor der Größe des Lebens zu nehmen. Wenn es um existenzielle Dinge geht, wie die Frage „Wer bin ich", sind die Details wichtig. Eine Teilnehmerin formulierte es so: *„Wissen, wie Leben geht – dann sind nicht die großen Antworten entscheidend – sondern die kleinen."*

Wenn Sie möchten, nehmen Sie ruhig auch einmal eine Schere zur Hand. Und ein paar Prospekte oder Kataloge. Zuvor muss Ihnen aber noch eines klar sein. Ich zeige es Ihnen an der Geschichte der Leiterin einer Kindertagesstätte…

„Es muss neu gespielt werden"

So verrückt es war: Mir blieb nur noch der Ausweg, auf der Karriereleiter nach unten zu steigen. Das hat mir die Erfüllung gebracht. Ich lernte die Frau im Rahmen einer Tagung kennen. Eine selbstsichere und kompetente Person. Das sah auch der Träger der Kindertagesstätte so – und beförderte sie zur Leiterin. Der Aufstieg machte sich in mehr Personalverantwortung und natürlich durch einen gestiegenen Lohn bemerkbar. Allerdings auch in den Aufgaben: Es standen nun nicht mehr Kinderfragen mit absurd-sympathischer Logik, sondern Auflagen, Vorschriften, Schutzmaßnahmen, Zielvereinbarungen und Dokumentationspflichten auf der Tagesordnung. „Ich saß praktisch mehr als die Hälfte meiner Arbeitszeit im Büro, in Mitarbeitermeetings und Treffen mit dem Träger, statt mit den Kindern zu musizieren, zu spielen, zu basteln, zu malen oder gar in den Wald, ans Wasser oder in den Zoo zu gehen. Dabei war es ja genau das, was mich zu diesem Beruf brachte: Kinder beim Wachsen zu begleiten. Obwohl ich kaum mehr Stunden gearbeitet habe als vorher, war ich abends immer völlig erschöpft. Das konnte es doch nicht gewesen sein."

Ich denke oft an diese Frau. Sie hat mutig gehandelt. Vom Träger der Einrichtung ließ sie sich herabstufen – von der Gesamtleiterin zur Gruppenleiterin. Unter der Bedingung, neue und weitreichendere Teilkompetenzen für ihre eigene Kita-Gruppe zu bekommen. Sie hat sich unter dem Dach des großen Ganzen eine klar definierte „Abteilung" geschaffen, in der sie Gestaltungsmöglichkeiten hat und für die sie geradestehen kann. Das einzufordern und einzurichten war „Stress", ja. Sie verdiente weniger als vorher. Aber die Entscheidung sichert ihr bis heute ein höheres Maß an Identifikation und Zufriedenheit mit ihrem erlernten Beruf. Und damit letztlich mehr Lebensqualität.

Sie hat entschieden.

Wenn es darum geht, dass wir selbst wieder zu Ausgeglichenheit im Leben finden, zu Gelassenheit und zu wirklicher Freude an dem, was wir in privaten und beruflichen Kontexten tun, sind auch wir selbst am Zug. Das meine ich in zweierlei Hinsicht:

Zum einen ist es *meine Aufgabe* dafür zu sorgen, dass sich ein Wandel vollzieht. Und zwar in meiner konkreten Situation. *„Unser Arbeitszeitmodell lässt sich nicht ändern"* oder *„Ich kann ja nicht das ganze Unternehmen umkrempeln".* Das ist schnell gesagt.

Es ist wirklich leicht, ein ganzes Buch mit Gründen zu füllen, warum es am Organisationssystem der Abteilung liegt, an den Vorschriften im Betrieb oder an den unverständigen Kollegen bei der Urlaubsplanung, dass sich belastende Strukturen fortsetzen. Solche Gründe sind deshalb so begehrt und verlockend, weil sie dem Einzelnen eine Rolle ermöglichen, die für ihn einen gewissen Komfort bietet: Wenn er schon nicht schuld ist, dass die Dinge so schlecht sind – dann liegt es ja auch nicht an ihm, sie zu ändern. Das ist die Opferrolle. Ich sage es deutlich: Wem diese Rolle gut passt, der kann drin ruhig bleiben. Aber er sollte aufhören, sich über seine Situation zu ärgern und darüber zu klagen. Denn die Opferrolle verändert gar nichts.

„Aber ich kann doch nicht das ganze System ändern." Wenn Ihnen gerade dieser Satz durch den Kopf geht, kann ich das gut nachvollziehen. Ich kann Sie aber auch beruhigen: Sie müssen gar nicht das ganze System ändern. Das wäre übrigens auch genau der falsche Schritt – denn das würde ja nur zu neuen Regeln und Vorschriften führen, die für alle irgendwie Sinn ergeben sollen. Nein, entscheidend ist, dass der Einzelne bei sich anfängt. Und sein eigenes Leben in die Hand nimmt. Wenn wir nachfragen, wenn wir dranbleiben, dann kann scheinbar Undenkbares plötzlich doch möglich werden.

Wir sind nicht auf Rollen festgelegt und leben nicht in Situationen, die unveränderlich sind.

Wir haben es selbst in der Hand. Das ist kein aussichtsloses Unterfangen. Ich zeige Ihnen, was es dazu braucht.

Kapitel 10

Die Entdeckung des Wozu

Es passiert wie in Zeitlupe: Die Steinplatte kippt langsam nach vorne, überschlägt sich auf der ersten Stufe und bricht dann auf dem Boden in drei Stücke. Was vorher ein Teil der Gartenmauer war, abgestellt, um wieder neu befestigt zu werden, ist jetzt nur noch ein Haufen Trümmer. Ein Puzzle, das nie wieder zusammenpassen wird. Aber es war auch grob fahrlässig: Wie kann man nur so blöd sein, die Platte auf der kleinen Treppe zur Garage abzustellen?

Ein Teilnehmer berichtete in einem Seminar diese Begebenheit aus seinem Leben. Und hörte gar nicht mehr auf zu erzählen: *„Bei uns zu Hause sind inzwischen sämtliche Treppen mit Dingen belegt: Auf den Stufen in den Keller stehen Gummistiefel und Pappkästen mit Nägeln, Schrauben und Werkzeugen, auf den drei Absätzen von der Terrasse in den Garten haben verschiedene Eimer ihren festen Platz gefunden. Und die Treppe zum Seiteneingang der Garage ist inzwischen zum Steinplattenregal mutiert."* Der Mann war echt genervt. *„Praktisch jeden Tag bin ich damit beschäftigt, die Treppen freizuräumen. Ich will ja nicht darüberstolpern."* Sein Problem war: Nur wenig später standen wieder Eimer, Gummistiefel, eine Gartenharke und andere Dinge auf sämtlichen Stufen, die das Haus zu bieten hatte. Er wusste, dass dahinter sein Vermieter steckte – ein Architekt im Ruhestand, der ab und zu noch im Büro im Erdgeschoss des Hauses arbeitete und mehrmals pro Woche kam, um im Garten nach dem Rechten zu sehen, wie er es ausdrückte. Dann schnitt er die Hecken, düngte den Rasen, kehrte im Herbst das Laub auf. Und er „reparierte", was nötig war – auf seine Art. Nie wurde er mit etwas ganz fertig und das eine oder andere blieb halb fertig zurück und wurde irgendwo „zwischengelagert". Die zerbrochene Steinplatte war jedenfalls der Gipfel. Das Maß war endgültig voll, so konnte es nicht weitergehen. „Treppen sind zum Treppensteigen da. Punkt. Ich will mir nicht den Hals brechen!", beendete er seine Ausführungen.

Eine Woche später bekam ich just von diesem Teilnehmer eine Mail. Mit einem Smiley in der Betreffzeile. Und der Erklärung: „Ich weiß jetzt, warum unser Vermieter die ganzen Treppen belegt: Er hat ein neues Hüftgelenk eingesetzt bekommen und kann sich gerade nur schwer bücken. Ist doch klar, dass er deswegen alles auf Griffhöhe abstellt. Es war gut, dass ich ihn einfach mal angesprochen habe, so wie Sie es mir geraten hatten. Ärgern bringt nichts. Ich helfe ihm jetzt ein wenig. Wir verstehen uns wieder gut – und mussten sogar über das Missverständnis lachen."

Chaos im Spülbecken

Wie oft geht es uns so: Irgendeiner macht die absurdesten Dinge. Zum Beispiel die Kollegin, die immer die ganze Spüle in der Büroküche mit dreckigem Geschirr vollstapelt. Man kommt überhaupt nicht mehr an den Wasserhahn, ohne mitten in die Sauerei hinein zu langen. Das ist derartig eklig – darüber regen sich eigentlich alle auf. Sieht die Frau nicht, welches Chaos sie jeden Tag damit anrichtet? Und die Kolleginnen dürfen den ganzen Kram dann zur Seite räumen, zum Beispiel wenn sie den Wasserbehälter der Kaffeemaschine auffüllen möchten. Gerade gestern ging es mir selbst wieder so, als ich für das Meeting Kaffee kochen sollte. Im Haus wird erzählt, dass es in den Büroschränken und auch zu Hause bei Frau Meier nicht besser aussieht. Das nervt.

Dann gibt es noch den Chef, der grundsätzlich unvorbereitet zu den Dienstagsbesprechungen kommt. Ihn interessiert offenbar auch gar nicht, wer in unserer Abteilung für etwas zuständig ist. Er verteilt die Aufgaben anscheinend willkürlich, wie es ihm gerade in den Sinn kommt. Auch das stresst total, weil es so ungerecht ist!

Und wenn ich abends todmüde nach Hause komme, spielt mein Mann am Laptop ein Kartenspiel, und fragt beiläufig, was ich denn so zum Abendessen geplant habe. Sieht er denn nicht, wie schlimm mein Tag heute wieder war?

Wer kennt solche Situationen nicht? Wenn Sie jetzt innerlich nicken, macht es die Sache aber nicht besser. Was in den Szenen, die hier beschrieben sind, der Fall ist: Da tun Menschen die Dinge auf ihre eigene Art und Weise; und das heißt konkret: Ganz anders, als ich es tun bzw. erwarten würde. Und erzeugen dadurch bestenfalls Ratlosigkeit, im schlimmsten Fall Ärger und Wut. Unsere Reaktion? Im besten Fall Kopfschütteln, oftmals haben wir in solchen Momenten, selbst wenn wir unserem Ärger schimpfend Luft machen, richtig Stress.

Dabei muss es auch gar nicht um die Arbeit im Job gehen. Solcher Stress wartet an vielen Stellen auf uns, oftmals dort, wo wir im Trüben fischen und keinen Sinn entdecken können.

Da rackert sich die Tochter mit der Pflege ihrer demenzkranken Mutter ab. Von früh bis spät ist sie auf den Beinen. Hilft beim Anziehen, beim Frühstück, bei allen Mahlzeiten und kommt erst zur Ruhe, wenn die alte Dame gegen 21 Uhr endlich im Sessel eingeschlafen ist. Und selbst dann ist noch nicht Schluss – schließlich muss sie von dort irgendwann ins Bett, ohne zu fallen. Der Tag ist gespickt mit Fragen, immer aufs Neue gestellt und wiederholt. *„Wo hatte ich denn gleich…"*, *„Wo gehst du gerade hin?"*, *„Kommst du bald wieder"*?

Und dann beschwert die alte Dame sich permanent bei ihrer Tochter, beim Pflegedienst oder beim Nachbarn, der ab und zu vorbeischaut, dass ständig Sachen verschwinden – sie vermutet, dass sie ihr jemand weggenommen hat. Ihre Tochter ärgert sich über diese Fragen sehr. Ständig steht ein Generalverdacht im Raum. Das geht an die Substanz.

Wenn ich mit Menschen spreche, die an Erschöpfungszuständen und Burnout leiden, höre ich immer wieder die Klage über die gespürte Sinnlosigkeit beim Ausführen ihrer Arbeiten. Das klingt jetzt zunächst sehr existenziell, äußert sich im Alltag aber ganz banal: Da klagt die Arzthelferin beim Blick auf die Kassenvorschriften: *„All diese Regeln und immer wieder neuen Formulare – das ist der absolute Kontrollwahn."* Oder in der Autowerkstatt ärgert sich der Mann, der noch kurz vor seinem Feierabend den Wagen zur Reparatur bringen muss: *„Wieso brauchen Sie denn jetzt den Fahrzeugschein? Der liegt bei uns zu Hause. Ich will doch nur die Kupplung austauschen lassen und nicht das ganze Auto verkaufen?"*

Wenn wir in solche Situationen geraten, fühlen wir uns ohnmächtig und unter Druck. Das strengt total an, und von Freude kann auch nicht die Rede sein. Kein Wunder, wenn der

Einzelne abends fertig ist. Eine Szene, die sich täglich millionenfach abspielt: Müde kommt er aus dem Büro nach Hause und die Partnerin fragt: *„Na, was hast du heute geschafft, wie war es auf der Arbeit?"* Und der Mann sagt nur: *„Puh, weiß gar nicht."*

Es gibt Widrigkeiten mit einem persönlichen Gegenspieler, da lohnt ein Gespräch, wie bei dem Vermieter mit der neuen Hüfte. Und andere, die schicksalhaft daherkommen. Bei den letzteren fragt man sich: Wo ist da der Ausweg? Die Frage nach dem Warum hilft meist nicht. Das habe ich von Samuel Koch gelernt, dem Mann, der bei *Wetten dass …?* über die Autos sprang, sich das Genick brach und nun nahezu bewegungslos im Rollstuhl sitzt. Nur den Kopf kann er noch bewegen. Samuel Koch sagte einmal bei einem Interview: *„An der **Warum**-Frage kann man verzweifeln, sie hilft nicht weiter. Wenn ich frage, ,Warum ist gerade mir das passiert, wo ich als Sportler die Bewegung so sehr geliebt habe, finde ich keine Antwort. Die Frage nach dem **Wozu** führt mich hingegen weiter. So habe ich durchaus das Gefühl, dass ich anderen helfen kann, mit ihrem Schicksal fertigzuwerden. Auch wenn ich selbst nicht verstehe, wieso gerade ich zum Hoffnungsträger für so viele Menschen geworden bin."*

Warum? Diese Frage ist rückwärtsgewandt und hat für mich einen negativen Beigeschmack. Der eine oder andere wird darauf antworten: *„Weil wir es schon immer so gemacht haben."* Oder sich rechtfertigen. Da sagt der Landwirt mit der riesigen Hühnerfarm: *„Wir konnten nicht anders handeln, die 10 000 Tiere mussten notgeschlachtet werden, weil es die EU-Verordnung so vorschreibt"* – mit dem Nachsatz: *„Ich verstehe das nicht, ich sehe es überhaupt nicht ein, es schmerzt mich total."*

In einer solchen Situation hilft es, die Perspektive zu wechseln.

Die Tochter, die sich in der Pflege aufopfert, könnte sich zum Beispiel fragen: *„Wie ist die Denkweise meiner demenzkranken Mutter?"* – *„Was bewegt sie?"* – *„Wozu muss sie andere verdächtigen und in ein schlechtes Licht rücken, wenn sich doch alle so freundlich um sie bemühen?"*

Dann entdecke ich vielleicht, dass sie andere verdächtigt, weil sie sich selbst nicht eingestehen möchte, dass sie längst vergessen hat, wo sie die Sachen abgelegt hat. Die Vorwürfe nach außen sind für sie eine Strategie, mit der Ratlosigkeit über ihre eigene Situation umzugehen. Wenn mir das klar wird, fühle ich, dass sie an ihrer Situation selbst leidet und ihr deshalb alles zu viel ist. Und dann kann ich entsprechend handeln, mich auf unfaire Fragen einstellen, mir ein „dickes Fell" zulegen oder manchmal einfach still in mich hineinlächeln.

Entscheidend dabei ist vor allem die Erkenntnis, *wozu* ich das alles mache. Es ist mein Beitrag, meiner Mutter trotz Demenz einen schönen Lebensabend zu ermöglichen. Ich will ihr helfen im Leben zurechtzukommen und möglichst lange im vertrauten Zuhause bleiben zu können – dort wo sie sich wohlfühlt. Das ist mein Ziel!

Mir wird vielleicht klar: Meine Mutter erfindet die Geschichten, um sich die Welt zu erklären und sich dabei selbst zu entlasten. Und wenn es irgendwann einmal nicht mehr geht, wenn es mir zu viel wird, dann muss ich neu überlegen und einen Weg suchen. Aber noch ist es nicht so weit!

Die alles entscheidende Frage, die mich in diese Perspektive wechseln lässt, lautet: *Wozu?* Denn wenn ich mir diese Frage stelle, gehe ich dem Wirken meines Tuns nach. Und dem Nutzen, den ich dadurch erziele. Wenn ich weiß, wozu ich die Dinge so tue, wie ich sie tue, gewinnt alles an Plausibilität und Nachvollziehbarkeit. Dann geht es mir gut.

Eben das ist auch der Grund, weshalb Handwerker nur selten ein Burnout bekommen. Obwohl viele unter einem immensen Druck arbeiten, brechen sie nicht zusammen. Dabei sind auch bei ihnen viele, zum Teil sehr belastende Faktoren im Spiel. Sie müssen mit hohen Kundenerwartungen zurechtkommen, Konflikte sind vorprogrammiert und Zeitpläne sehr eng. Wenn aber der Heizungsinstallateur weiß, dass die Familie Anfang Dezember ins neue Haus einziehen möchte, dann weiß er, *wozu* seine Überstunden einen Beitrag leisten. Und er kann zufrieden seine Arbeit machen.

Ausgesessen

„Montags haben wir eine Planungsbesprechung, meistens dauert die so zwei bis drei Stunden. Nachmittags dann Strategiesitzung. Wenn ich anschließend gegen 16:30 Uhr ins Büro komme, liegt da eine Halde unerledigter Post auf dem Schreibtisch und im E-Mail-Postfach warten 47 Mails auf die Beantwortung. Oft komme ich abends zu dem Schluss: Das Mittagessen war der Höhepunkt des Tages."

Lange Sitzungen mit zweifelhaftem Ausgang rauben vielen Beschäftigten die Lebensfreude. Aus Zeitmangel kommen die meisten Teilnehmer unvorbereitet. Dementsprechend verläuft die Entscheidungsfindung. Mancher handelt nach dem Prinzip: „Es ist schon alles gesagt, aber noch nicht von mir." Es geht, so scheint es, vor allem darum sichtbar zu sein, Präsenz zu zeigen. Und am Ende weiß mancher nicht, was er als Ergebnis der stundenlangen Diskussion festhalten kann. Das ist schlimm. Und das macht auf die Dauer unendlich müde, geradezu mürbe.

Wir würden uns gerne aus solchen Zwängen und Nutzlosigkeiten befreien. Und auf das Wesentliche konzentrieren.

Dinge tun, die uns Freude machen. Und anderes endlich einmal loswerden, es hinter uns lassen. Brauchen wir dieses Meeting wirklich, was soll eigentlich am Ende als Ergebnis herauskommen? Wozu ist eine derart große Zusammenkunft notwendig – könnte das nicht der Chef alleine entscheiden? Und wozu muss gerade ich dabei sein?

Vielleicht will die Kollegin die Teamrunde dafür nutzen, um sich mit den anderen über die laufenden Projekte auszutauschen – und nicht um Entscheidungen zu treffen. Oder für den Bereichsleiter ist die Teambesprechung dazu da, um Informationen aus der Geschäftsführung weiterzugeben. Dabei will ein anderer Kollege endlich eine Entscheidung bei einem anstehenden Projekt herbeiführen.

Wenn jeder mit unterschiedlichen Erwartungen in die Teambesprechung geht, werden einige zwangsläufig mit Enttäuschung wieder herauskommen.

„Wozu treffen wir uns wöchentlich?" – ganz ohne Sarkasmus ausgesprochen, führt diese Frage dazu, dass unterschiedlichen Erwartungen auf den Tisch kommen und abgeglichen werden. Wenn ich weiß, wozu ich etwas mache, kann ich zwischen Wichtigem und Unwichtigem unterscheiden.

„Würde unser Kunde dafür mehr bezahlen?" – einem großen Onlineversandhaus hilft dieses Kriterium bei der Entscheidung, ob eine Idee überhaupt weiterverfolgt werden soll oder nicht. Eine gute Frage, die in vielen anderen Fällen eine ebenso hilfreiche Wirkung entfalten kann. Bringt uns das, was wir hier gerade (stundenlang) diskutieren, in irgendeiner Weise weiter? Hilft es der Firma, verschafft es dem Kunden einen Vorteil – oder ist es nur etwas, mit dem wir uns beschäftigen, weil es irgendjemand einmal als Frage oder als Anforderung in den Raum gestellt hat?

Denken Sie an das Meldewesen für Arbeitslose. In manchen Fällen ist es wichtig, dass der Arbeitssuchende und der Beamte in der Arbeitsagentur sich regelmäßig sehen – in strukturschwachen Gegenden ist es sinnlos. Besser wäre, wenn der einzelne Beamte sich in einem bestimmten Fall auf die Suche einer geeigneten Stelle konzentrieren kann – und nicht nur als „Empfangsdame" für Hunderte Fälle fungiert.

Ist es wirklich zielführend, wenn wir um 23 Uhr Firmen-E-Mails checken? Wozu eigentlich, wenn ohnehin der Geschäftspartner längst Feierabend gemacht und den PC heruntergefahren hat? Muss es dabei bleiben, dass wir immer am Donnerstag die Wohnung putzen? Wozu hilft es, diese Regel einzuhalten? Wäre es nicht viel schöner, aus scheinbaren Zwängen auszubrechen und zum Beispiel die Wochentage nach anderen Kriterien zu gestalten? Von Tag zu Tag neu zu entscheiden. Wenn die Sonne scheint, wird nicht geputzt, da wird der Liegestuhl auf dem Balkon aufgestellt.

Aber hier geht es nicht um Regeln und ihre Ausnahmen.

Die Frage nach dem *Wozu* gibt mir auch die Freiheit, mich von unnützen, sinnlosen Dingen zu verabschieden. Das sind oft genau die Dinge, die mich stressen.

Hallo, die neue Version kommt

Vor nicht allzu langer Zeit war ich als Beraterin in einer Firma, die gerade dabei war, die gesamte Computersoftware umzustellen. Ein Teil der Mitarbeiter war dadurch hochgradig verunsichert.

Wenn lange geltende Prinzipien verändert werden, stellt dies alles was bisher war infrage. Nicht nur die Software muss sich ändern, sondern auch deren Bediener. Das macht Angst. Angst, es nicht zu schaffen, am Ende vielleicht abgehängt zu werden. Manch einer fühlt sich, ob begründet oder nicht, irgendwie in seiner Haut unwohl – „nicht mehr gut genug".

Keine Besprechung verging, ohne dass jemand aus dem Team auf ein drohendes Problem hingewiesen hätte. Es wurde befürchtet, dass am Ende die Auslieferung von Produkten gefährdet sei oder Kunden unzufrieden und entnervt abspringen würden. Andere Mitarbeiter schienen vorwiegend ratlos zu sein – „Warum sollen wir das jetzt so machen? Die alte Software hat doch bestens funktioniert."

Am besten ging es denen, die sich die *Wozu-Frage* stellten. Sie fanden gleich mehrere Antworten und konnten mit großer Zufriedenheit den Wechsel begleiten. Ihnen war klar: *„Die alte Software läuft mit dem neuen Betriebssystem ohnehin nicht mehr fehlerfrei. Es ist nur eine Frage der Zeit, bis die Ablösung zwingend notwendig wird. Da macht es Sinn, das jetzt in Ruhe anzuschieben, wo die Prozesse noch laufen."* Wieder andere hatten begriffen, dass bereits in der gesamten Branche ein Wandel im Gange war, der auch vor ihrem Betrieb nicht Halt machen würde. *„Ja, es macht Sinn!"* Das ist die Antwort auf die *Wozu-Frage* in diesem Fall. Und: *„Ja, ich werde gebraucht."*

Immer dann, wenn sich in Unternehmen Organigramme ändern, droht ein in sich stabiles Gefüge außer Takt zu geraten. Unsicherheit macht sich breit. Was wird als Nächstes kommen? Viele reagieren in solchen Momenten zynisch, frustriert oder lakonisch.

Ein frustriertes *„Warum gerade ich?"*, das hilft keinem. Stattdessen ist angesagt, sich klarzumachen: *„Wozu kann mein Tun hilfreich sein?"* Sich einfach treiben zu lassen, alles hinzunehmen, sich als Opfer einer Entwicklung zu sehen – sich selbst nichts mehr zuzutrauen, nicht mehr zu hoffen, irgendetwas an der Situation ändern zu können, das führt auf jeden Fall ins Abseits.

Ohne dich gehts nicht!

98 – klick – surr – 99 – klick – surr – 100 – klick. Surr. Fertig.

Die Kiste mit den kleinen Ventilen ist bis auf den letzten Platz gefüllt. Die Fertigungsstraße, an der Dominik in den Sommerferien jobbt, ist gut 50 Meter lang. Am Anfang stehen viele Kisten und Regale voller Kunststoffteile, am Ende laufen fertige Dialysepumpen vom Band. Ein Hightechprodukt, das die Firma in der ganzen Welt verkauft.

Der Kollege stellt die nächste Kiste mit Rohlingen an den Arbeitsplatz. Die erhoffte Abwechslung? *„Nein, wieder nicht. Das gleiche Zeug wie immer, diese bescheuerten Ringe. Da habe ich am wenigsten Lust drauf!“,* denkt sich Dominik. Etwa acht Zentimeter messen die schwarzen Gummis im Durchmesser. Seine Aufgabe ist es, die frisch ausgepackten Dichtungsringe mit einem Spezialfett zu bestreichen und dann in graue Kunststoffwürfel einzusetzen. Hundert solcher fertig bestückter Würfel werden an der nächsten Station auf der Fertigungsstraße weiterverschraubt und anschließend in ein weiteres Bauteil eingepasst. Missmutig und mit einem Stöhnen beginnt der junge Mann die Arbeit.

Da schiebt ihm einer der Kontrolleure ein fertiges Dialysegerät vor die Nase. *„Sehen Sie, dieses Gerät sieht zwar tadellos aus. Aber wenn wir es ausliefern, bekommt der Kunde nichts als einen Haufen Schrott. Die Pumpe geht nicht, weil sie undicht ist. Und damit das nicht passiert, brauchen wir sie. Es ist unabdingbar, die Dichtungsringe zunächst einzufetten.“*

Dominik, ein Bekannter von mir, hat an diesem Tag erfahren, welchen Wert auch die einfachste Arbeit haben kann. Ich muss wissen, worin mein Beitrag zum großen Ganzen besteht. Stupide Gummiringe einfetten – oder: dafür sorgen, dass ein ausgeklügeltes Produkt Menschen das Leben rettet. Das macht den Unterschied. Mein eigenes Tun, meine Rolle in diesem Leben wird mir klar – und mit Wert gefüllt.

Ich bin hier in diesem Betrieb, um Kunden zufriedenzustellen. Um Qualität zu sichern. Um Fragen zu beantworten. Die Arbeit bleibt völlig gleich, gewinnt aber an Wert.

Und meine Rolle wird eine andere. Ich erfahre meinen eigenen Wert – für den Betrieb, für das Produkt, für den Kunden.

Aber es gibt auch andere Geschichten, wie die von der Kassiererin in einem Kaufhaus. Ich hatte in der kostenpflichtigen Tiefgarage geparkt, mich eineinhalb Stunden lang in den riesigen Abteilungen des Kaufhauses umgesehen, aber leider nicht das entdeckt, was ich brauchte. Ich ging an die Kasse und sagte: „Ich habe einfach nicht das Richtige gefunden und nichts gekauft. Ich würde mich aber freuen, wenn Sie mir das Parkticket trotzdem abknipsen. Ich weiß, dass Sie Ärger bekommen können, wenn Sie das tun. Würden Sie?"

Die Frau sah mir in die Augen, lächelte mich beinah spitzbübisch an und knipste mein Tiefgaragenticket ab.

Was war binnen weniger Sekunden passiert?

Ich hatte – unbeabsichtigt – die Frau aus ihrer Befehlsempfängerrolle herausgeholt. Den Satz *„Sie bekommen wahrscheinlich Ärger, wenn Sie mir diesen Wunsch erfüllen "* hat sie möglicherweise als Signal von Nähe und Verständnis interpretiert und positiv gewertet. Diesem freundlichen Impuls folgend hat sie eine persönliche Entscheidung getroffen. Sie hat etwas getan, was in ihrer Macht stand.

Dass sie dies eigentlich nicht tun durfte, mag „Stress" sein, ja. Aber dieser Stress bescherte uns beiden einen kleinen Moment des Glücks:

Ich sparte ein wenig Geld. Aber Sie hat sich als großzügige Person präsentiert und kann sich meiner Dankbarkeit und Wertschätzung sicher sein. Wer von uns beiden hat mehr gewonnen?

Das Gefühl, etwas zu bewirken, für andere oder für sich – das tut gut. Die Arbeit bekommt eine tiefere Ebene. Nicht nur an der Infotheke stehen und Fragen beantworten, nicht nur kassieren und Parktickets stempeln. Sondern die Frage: Wozu bin ich hier? Dies führt mich an den Kern dessen, was ich mit meiner Arbeit bewirke.

Die Frau an der Infotheke war an diesem Tag deshalb so zufrieden, weil sie merkte: Oberflächlich gesehen gibt sie Auskunft auf Fragen; aber eigentlich bewirkt sie dadurch, dass sich die Kunden wohlfühlen können. Ein anderes Beispiel: die Assistentin beim Zahnarzt. Von außen betrachtet reicht sie dem Mediziner die Instrumente oder hält den Sauger – wenn sie dem verängstigten Patienten aber kurz zuzwinkert und er zurückzwinkert, erlebt sie sich selbst: Ich gebe Menschen Sicherheit.

Oder denken wir an eine Altenpflegerin – ein knochenharter Beruf. Wenn sie ihre Aufgabe nicht als Last, sondern auch als Erfüllung betrachtet, wird sie die Frage nach dem *Wozu* vielleicht ähnlich beantworten – „ich kann Menschen glücklich machen. Ein Lächeln am Tag, einer der dankbar ist, für das was ich tue. Das ist es, weshalb ich hier bin".

Ein Lächeln, das mir gilt. Daran merke ich, dass ich da bin – und nicht jemand anderes.

Angekommen!

Die Mutter steht im engen Flur und versucht der Tochter die Jacke anzuziehen. Es regnet, sie soll sich nicht erkälten, wenn sie gleich zusammen rausgehen. Aber die Kleine mag die Jacke nicht. Sie denkt nicht daran, dass sie nass wird, wenn sie das Teil nicht anzieht. Und sie wehrt sich deshalb mit Händen und Füßen.

Bei einem Mitarbeitergespräch in der Firma läuft nichts anderes ab. Der Vorgesetzte hat eine Idee im Kopf, aber er kann nicht vermitteln, wozu das alles gut sein soll. Er hat auch keine Geduld mehr, keine Zeit für langatmige Erklärungen. Es bleibt bei einer knappen Ansage: „Keine Diskussion, Sie machen das jetzt einfach. Es muss so laufen."

Was hier fehlt: Wenn ich den Sinn einer Arbeit nicht verstehe, kann ich sie auch nicht wertschätzen.

Derartige Gespräche laufen ganz anders ab, wenn man die Frage nach dem *Wozu* beantwortet. Erst wenn wir uns den Wert einer Handlung klarmachen, gewinnt sie Bedeutung. Und erst dann kann sie uns Erfüllung schenken.

Der Job muss mich nicht glücklich machen

Einmal ging es mir richtig schlecht. Die Diagnose war spät gekommen, die Lage dramatisch. Ich musste mir die Galle entfernen lassen, mit einem großen Bauchschnitt. Einiges ging dabei schief, mein Leben stand im wahrsten Sinne des Wortes auf Messers Schneide.

In solchen Momenten treten die vielen kleinen Ärgernisse des Alltags in den Hintergrund. Sie spielen einfach keine Rolle mehr, sie haben keinerlei Bedeutung.

Vielmehr denkt man über ganz anderes nach: Was wäre passiert, wenn ich die Operation nicht überlebt hätte? Was würde aus meinen Kindern, meinem Mann? Was hätte ich alles verpasst!

Auf dem Kranken- und Sterbebett ist die Frage nach dem perfekten Job oder die Auseinandersetzung im Meeting am 8. Dezember 1993, an die wir uns sonst immer wieder einmal erinnern, absolut nebensächlich.

Wozu bin ich auf der Welt? Was ist der Sinn meines Lebens, was meine Aufgabe?

Wem kann ich einen Moment des Glücks schenken – was macht mir selbst Freude?

Das *Wozu* schafft Klarheit – und Entlastung. Weil es Erwartungshaltungen klärt. Ständig erreichbar sein – wozu eigentlich? Jede Mail innerhalb von 30 Minuten beantworten müssen – wozu eigentlich? Neben dem Schwimmunterricht auch noch mit den Kindern zur frühmusikalischen Förderung und zur Krabbelgruppe gehen – wozu eigentlich?

Die Klarheit kommt aber auch im Blick auf ganze Lebensbereiche. Da ist es entlastend zu erkennen, wozu ich eigentlich Urlaub mache, wozu ich meinen Hobbys nachgehe – oder gar wozu ich arbeite. Ich gewinne Weitsicht. Und es kann sogar die Erkenntnis kommen: Der Job muss mich nicht unbedingt glücklich machen – das ist nicht seine Aufgabe.

Lassen Sie sich auf dieses *Wozu* ein – dann öffnen Sie ein neues Panorama an Möglichkeiten.

Kapitel 11

„Ich wünsche mir ein Nein"

Es sind ganz subtile schwarze Streifen, die bei mir immer eine Gänsehaut auslösen. Meist sind sie an denjenigen Autobahnauffahrten zu finden, die durch eine Steigung oder wegen einer leichten Kurve nicht allzu übersichtlich sind. Weniger oft kommen sie an Stellen vor, an denen der Gesetzgeber einen weißen Streifen auf die Fahrbahn aufgebracht hat und damit klarmacht: *Spurwechsel verboten*. Denn genau das passiert immer wieder: Die schwarzen Streifen entstehen durch drastische Bremsmanöver. Das Muster, das dazu führt, verläuft so: Auf der rechten Spur fährt sagen wir mal ein silberner Golf mit 105 Stundenkilometer. Dann will ein anderer Wagen auf die Autobahn auffahren. Ein paar Meter fährt er auf der Beschleunigungsspur parallel. Irgendwann entschließt sich der Golf-Fahrer Platz zu machen und zieht auf die linke Spur. Dabei war er aber derart auf den Neuankömmling neben ihm und auf das Platzmachen fixiert, dass er weder den Blinker gesetzt noch überhaupt auf den von hinten heranbrausenden Passat geachtet hat. Der muss fürchterlich in die Eisen, um einen Crash zu vermeiden.

Puh, das war knapp. Allen Beteiligten läuft kalter Schweiß den Rücken runter. Und die Fahrbahn? Die hat wieder ein paar neue schwarze Streifen mehr.

Gut gemeint ...

Wenn Sie mit dem Auto unterwegs sind, achten Sie mal auf solche Bremsspuren. Oder auf die weißen Streifen, die eben den Spurwechsel untersagen. Die tauchen nämlich immer öfter an den Auffahrten auf, um just solche Situationen zu vermeiden, wie ich sie oben beschrieben habe. Es geht mir hier allerdings nicht um die Regulierung von Verkehrsströmen oder gar um die Frage, welchen Wert Höflichkeit im Autoverkehr hat. Was das Beispiel illustriert, ist, dass gut gemeint nicht automatisch auch richtig sein muss. Denn genau so etwas passiert nicht nur im Straßenverkehr, sondern oft genug auch am Arbeitsplatz.

„Andauernd werde ich unterbrochen." – *„Ständig landen Aufgaben von Kollegen auf meinem Schreibtisch."* – *„Jetzt muss ich wieder die chaotische Urlaubsplanung vom Chef ausbaden und bin für eine Woche für fast alles in der Abteilung zuständig."* Wenn mir Menschen solche Klagen aus ihrem Berufsleben mitteilen, kann ich mitfühlen und es wundert mich nicht, dass die Betroffenen nach ein paar Tagen oder Wochen am liebsten das Handtuch schmeißen würden. Der Einzelne fühlt sich durch die Vorgaben von außen in seiner Selbstbestimmung beschnitten. Das wäre nicht problematisch, wenn es nicht auf eine Art und Weise geschieht, bei der eingeschwungene Arbeitsabläufe immer wieder gut gemeint, aber völlig sinnlos unterbrochen werden. Und ein solches Vorgehen beschränkt sich nicht nur auf das berufliche Umfeld. Beispiele gibt es zuhauf:

„Gut, dann haben wir halt für die Hochzeit der Cousine auch noch einen Kuchen gebacken. Wir hatten zwar eh schon die Luftballonaktion nach dem Gottesdienst und die 400-Kilometer-Anfahrt mit den Kindern, aber wenn es nicht anders geht..." –

„Eigentlich wollte ich ja nicht noch einmal für den Elternbeirat kandidieren; die letzten beiden Jahre blieben die Kindergartenfestorganisation und der Adventsbasar dann immer an uns als Familie hängen – aber es hat sich halt niemand anderes gefunden und dann habe ich mich breitschlagen lassen."

Wenn solche vermeintlichen Zwänge das Leben bestimmen, findet sich der Einzelne schnell in Situationen, die ihn überlasten. Zähneknirschend gehen Wochenenden drauf, um irgendwelchen Wünschen oder Ansprüchen von außen zu genügen. Und in der Firma werden bis in den Abend hinein Überstunden gemacht, nur um die eigenen Aufgaben zu bewältigen – die Bereiche der Kollegen musste man ja tagsüber abdecken. Jemand, der so unterwegs ist, kommt nicht voran. Denn er muss ein Bremsmanöver nach dem anderen hinlegen. Und anschließend gleich wieder voll beschleunigen.

Es gilt wieder souverän zu werden. Und zu bestimmen. Dazu müssen wir wieder die Fähigkeit lernen, etwas zu ändern.

Im letzten Kapitel ging es um die Verstehbarkeit als ein Weg, wie wir Orientierung und überhaupt Übersicht für Zusammenhänge und Situationen bekommen, die uns belasten. Die Frage nach dem *Wozu* erschließt uns den Nutzen von dem, was wir tun. Und sie ermöglicht uns und allen anderen Beteiligten, unsere Kräfte auf das zu lenken, was wichtig ist. Oder eben auch Dinge zu lassen oder zu beenden.

Nun nehme ich mit Ihnen die Handhabbarkeit in den Blick. Also wie wir die Dinge tatsächlich umsetzen. Das Wort *Nein* spielt dabei die entscheidende Rolle. Allerdings nicht einfach im Form einer Empfehlung, öfters mal *Nein* zu sagen – dazu hätten Sie auch einen Kommunikationsratgeber lesen können. Ich möchte Ihnen zeigen, warum dieses Wort mehr ist also nur eine situative Reaktion auf eine Anfrage oder eine Bitte.

Ich zeige Ihnen, warum *Neinsagen* eigentlich *Jasagen* bedeutet.

Herzensangelegenheit

Zunächst bitte ich Sie um Ihre Einschätzung: Stellen Sie sich vor, Sie stehen in der Praxis eines Kardiologen. Sagen wir er heißt Dr. Müller. An diesem Morgen kommt Herr Schmidt zu ihm in die Sprechstunde. Der Hausarzt von Herrn Schmidt hat beim Belastungs-EKG einige Auffälligkeiten bei der Herzfrequenz festgestellt, die der Kardiologe nun abklären soll.

Nach 20 Minuten Ultraschalluntersuchung kommt der Kardiologe zu dem Schluss, dass die Sorge des Hausarztes berechtigt ist: Herr Schmidt ist stark herzinfarktgefährdet.

Der Arzt redet ihm ins Gewissen: *„Sie müssen Ihre Ernährung umstellen und sich mehr bewegen. Dringend. Außerdem sollten Sie umgehend mit dem Rauchen aufhören. Eine Schachtel am Tag ist bei Ihrem Zustand grob fahrlässig."*

Darüber ist der Patient alles andere als erfreut und klagt: *„Muss das wirklich sein? Das klingt ja nach ganz schön viel Aufwand für mich."*

Nun nimmt das Gespräch eine seltsame Wendung, denn Dr. Müller sagt zu Herrn Schmidt: *„Okay, vielleicht haben Sie doch recht. Vielleicht irre ich mich. Machen wir es so: Ich vergesse den Befund, lösche die Ultraschallaufzeichnungen und sage Ihnen: Das passt schon. Machen Sie so weiter wie bisher. Auf Wiedersehen."*

Jetzt kommt eine Frage an Sie: Fänden Sie das Verhalten des Arztes gut? Oder anders formuliert: Würden Sie sich das auch von ihm wünschen?

Da spricht der Patient einen Wunsch oder sogar nur ein Unbehagen aus – und der Arzt folgt einfach seinem Anliegen– nämlich einen Befund zu stellen, der möglichst harmlos ist und keine Verhaltensänderung verlangt. Wenn Sie mich fragen: Ich würde mir so einen Arzt nicht wünschen – Sie sicherlich auch nicht.

Im beruflichen Kontext, in der Partnerschaft, bei der Erziehung, im Verein… in sämtlichen Situationen und Kontexten, in denen wir uns bewegen, haben wir eine Rolle. Damit meine ich nicht, dass wir ständig Theater spielen oder jemand anderes imitieren. Rolle bedeutet hier: Eine Zuschreibung von Erwartungen und Aufgaben – und auch den Status, diesen Erwartungen entsprechen zu können.

Am Beispiel des Arztes heißt das: Er hat die Aufgabe, einen Befund über die Gesundheit seines Patienten zu erstellen. Und anschließend eine Empfehlung auszusprechen, damit jemand wieder auf die Beine kommt beziehungsweise gesund bleibt. Oder der Kollege, der in der Druckerei für den Einkauf zuständig ist, hat die Rolle, dem Unternehmen die bestmögliche Papierqualität zum optimalen Preis zu besorgen. Er kennt sich mit dem Markt und den Verhältnissen von Angebot und Nachfrage am besten aus. Für Vereine könnte ich jetzt den Kassenprüfer nennen, für den Bereich der Erziehung die Rolle des Vaters oder der Mutter etc.

Das obige Beispiel mit dem Arzt zeigt sehr deutlich, was passiert, wenn der Einzelne versucht, es allen recht zu machen: Er verlässt seine Rolle. Das heißt, er kommt seinen eigentlichen Aufgaben nicht mehr nach. Er kümmert sich um das, was man sich von ihm wünscht – und nicht um das, was eigentlich angemessen und angesagt wäre. Das ist ein großer Unterschied:

Wenn der Abteilungsleiter wirklich jeden Urlaubsantrag unterschreibt, dann macht er zwar alle Mitarbeiter kurzfristig glücklich – er füllt aber seine Aufgabe nicht aus, er stellt nicht sicher, dass die Abteilung in der Lage ist, ihren Anteil am Unternehmenserfolg zu leisten. Oder denken wir an eine Referentin im Bildungshaus, die ihre Zeit nicht für die Vorbereitung eines überzeugenden Veranstaltungsprogramms verwendet, sondern den Praktikanten beim Kopieren von Flyern hilft oder auch mal am Empfang den Telefondienst übernimmt: Sie kommt vielleicht gut an, bei den jungen Leuten und den Kollegen; das Tagungshaus leidet aber spätestens im übernächsten Quartal darunter, dass keine Teilnehmer mehr kommen.

Ich weiß, es ist immer sehr verlockend, hier und dort auszuhelfen, noch diesen oder jenen Sonderbereich oder Spezialauftrag zu übernehmen und den Kollegen dadurch aus der Patsche zu helfen. Und mitunter geschieht das auch unter Zwang, weil ein Kollege ausgefallen ist oder ein Zeitplan gerettet werden muss.

Wenn dabei aber die eigene Rolle aus dem Blick gerät – sprich, die eigene Arbeit liegen bleibt, ist niemanden geholfen. Im Gegenteil. Mit den Rollen ist es so, wie mit einem Fahrradreifen: Wenn er weich wird, dann wird es hart. Wenn es keine Klarheit mehr gibt, für was der Einzelne da ist – dann wird es hart. Dann läuft er Gefahr, dass er für alles da ist – warum nicht auch für das Kopieren von Flyern?

Aber dagegen ist ein Kraut gewachsen: Rollenschärfung durch abgrenzen. Dafür zu sorgen, dass die Rolle wieder zum Vorschein kommt. Und zwar in der Form, dass eindeutig klar wird, wer welche Aufgabe hat – und wozu der Einzelne da ist. „Für alles da sein" – das ist keine Rolle. Das ist ein Chaos. Genauso wenig wie „bunt" eine Farbe ist.

Der Schlüssel zum souveränen Umgang mit Stress ist die Klarheit über die eigene Rolle. Nicht mehr und nicht weniger. Und ich kann es Ihnen nicht ersparen: Diese Klarheit geht vor – steht auch über möglichen Konflikten, die sich in der Folge entwickeln.

Wenn fünf Minuten eine Stunde dauern

„Hey, ich hab nur mal ne kurze Frage." Mit diesem Satz ist Karsten zu Manuelas Arbeitsplatz gekommen und hatte auch gleich einen Hocker dabei. Beide sind Kollegen im Vertrieb einer Maschinenbaufirma und für die Kalkulation von Angeboten zuständig. Seit der Frage sind bereits vierzig Minuten vergangen. *„Sollte ich hier vielleicht den Serviceplan direkt in die Kosten für den Aufbau der Geräte nehmen? Oder soll ich die Kosten dafür doch gesondert darstellen? Was meinst du?"* Fragen über Fragen. Die Beratung, die Karsten gerade von seiner Kollegin einholt, dauert. Und wird auch noch weiter andauern. *„Okay, ich frag den Chef am Montag, wie er das machen würde",* sagt Karsten – und zieht nach fünfzig Minuten ab.

Manuela klickt sich verärgert wieder in ihre eigene Kalkulation rein. Ihr Ärger richtet sich aber nicht auf Karsten und dessen typische Freitagnachmittagsaktion. Sondern auf sich selbst: Weil sie vor dem Wochenende die eigene, dringend anstehende Kalkulation nicht mehr fertig bekommt – und so den möglichen Auftrag, an dem sie arbeitet, in Gefahr bringt.

Ich erlebe das oft in meinen Seminaren, dass den Menschen klar wird, wie selten die Arbeitsabläufe und der Umgang miteinander im Büro ganz konkret hinterfragt werden. Bei näherem Hinsehen zeigt sich dann, dass es genau daran liegt, dass es nicht gut funktioniert. Es liegt nicht unbedingt an einem *zu viel an Arbeit* – sondern vor allem daran, wie die Einzelnen miteinander umgehen.

Jede Abteilung und jede Arbeitsgruppe ist ein soziales System. Dieses System funktioniert durch Regeln und Abmachungen. Die müssen gar nicht ausdrücklich formuliert sein, sondern festigen sich durch stillschweigende Abmachungen und Gewohnheiten. In der oben beschriebenen Abteilung, in der Manuela und Karsten arbeiten, ist es üblich, dass man gegenseitig Rat einholt. Das ist normal. Allerdings ist damit noch nicht gesagt, dass es auch gut ist.

„Nur fünf Minuten."

„Ich ruf dich nachher dazu kurz an."

„Ich will nur schnell für das Geburtstagsgeschenk für Uwe sammeln…"

Wenn in einer Abteilung so ein Satz reicht, um vom Kollegen eine halbe Stunde Aufmerksamkeit zu bekommen oder mehr – dann hat es sich etabliert, dass das so funktioniert. Dann ist ein „Nur eine kurze Frage" tatsächlich der Türöffner, um *sofort* und *so lange wie nötig* ein Problem zu besprechen. Ohne richtiges Einverständnis des Befragten.

Und genau hier kommen wir an den Punkt: Wenn sich Gewohnheiten in einem System dadurch herausbilden, weil sich Verhaltensmuster wiederholen – dann hat der Einzelne es auch in der Hand, die Regeln zu verändern. Das kann man gar nicht glauben, aber es funktioniert tatsächlich.

„Ich weiß Karsten, dass das knifflig ist. Trotzdem kann ich dir erst ab Montag dazu einen Rat geben. Denn sonst schaffe ich die Kalkulation nicht, die ich in dieser Woche fertigstellen muss. Schlag mir doch bitte einen Termin Anfang kommender Woche vor."

Klar, Karsten wäre alles andere als erfreut, wenn Manuela an diesem Freitagnachmittag auf seine Frage nach Unterstützung so geantwortet hätte. Eine solche Reaktion tut weh. Die eigentliche Botschaft lautet nämlich: *„Nein, jetzt nicht."* Das klingt zunächst hart. Ist es aber gar nicht. Denn viel härter ist es, wenn ein Kollege vom anderen Kollegen verlangt, immer sofort einzuspringen oder einen Rat zu geben. *ASAP – as soon as possible* oder *DRINGEND* steht dann im E-Mail-Betreff, und mancher verwandelt die Mittagspause in der Kantine gleich in eine Dienstbesprechung. Wenn der Einzelne den anderen *zwingt*, ihm zu helfen – dann ist das hart.

Jetzt nicht. Es geht nicht darum, dass sich Kollegen gegenseitig jede Hilfe untersagen; nein, es geht darum, dass die Einzelnen so aufeinander achtgeben, dass jeder seine Aufgaben bewältigen kann *und* dass Hilfe möglich ist. Es geht hier schlichtweg um Verantwortung.

Ganz schön egoistisch, könnte man jetzt einwenden. Da denkt einer nur an sich.

In der Tat, der Einwand ist naheliegend. Denn im ersten Moment wendet sich der Einzelne nur sich und seinen Aufgaben zu. Es passiert dabei allerdings mehr. Es geht nicht nur um ein *für mich selbst sorgen*. Denn ich erlaube den anderen dadurch, *für sich selbst zu sorgen*. Meinem Kollegen ermögliche ich zugleich, dass er mitdenken kann, dass er selbst schaut, wie er am besten arbeitet – und wann der beste Zeitpunkt ist, um Hilfe einzuholen oder zu geben. So entsteht Rollenklarheit.

Ich weiß, dass mit dem Egoismus-Einwand auch die Angst mitschwingt, aus einer Gemeinschaft herauszufallen. *„Der zieht ja eh immer nur sein eigenes Ding durch"* – solche Sichtweisen verunsichern und bringen einen dann doch wieder auf die Spur, alles mit sich machen zu lassen. Es geht um die Frage von Anerkennung und Zugehörigkeit. Wenn sich die Wertschätzung des Einzelnen in einem Team allerdings nur dann zeigt, wenn er nach der Pfeife der anderen tanzt, dann taugt eine solche Wertschätzung keinen Pfennig.

Starke Teams erkenne ich immer daran, dass sie nicht auf Gleichrichtung und Harmonie aus sind, sondern gut mit Spannungen umgehen können.

Neinsagen heißt *Jasagen* – das *Nein* führt dazu, dass die Art und Weise, wie Menschen miteinander umgehen, nicht von Zwang und Hektik bestimmt ist, sondern von Verantwortung und Weitsicht. Ich bin mir sicher: Karsten wird beim nächsten Mal bereits am Donnerstag fragen, ob Manuela am nächsten Tag eine halbe Stunde für ihn freihalten kann. Oder gleich für die nächste Woche anfragen. Und Manuela kann sich dann wirklich in Ruhe seinen Fragen widmen und pünktlich ihre eigenen Angebote abgeben. Und wenn Manuela die Unterstützung von Karsten braucht, dann weiß sie ebenfalls, wie gut es ist, frühzeitig zu kommen.

Es ist fast schon ein Paradoxon: Die Tatsache, dass der Einzelne für sich und seinen Bereich Verantwortung übernimmt, führt dazu, dass alle füreinander Verantwortung übernehmen. Oder anders formuliert: Ein *Nein* macht uns alle stark.

Und das muss bei der Beziehung zum Chef gar nicht aufhören.

Damit hätte ich nicht gerechnet

Man hätte mit jeder Reaktion rechnen können – nur nicht mit dieser. Es war so, dass ein Bankmitarbeiter aus einem Bereich, in dem maßgeschneiderte Darlehens- und Finanzierungsprodukte erstellt werden, in einem Angebot einen Fehler entdeckte. Ein Fehler, der die Bank ein paar Hunderttausend Euro kosten konnte. Solche Produkte sind meist sehr kompliziert aufgebaut – verschiedene Anlageformen sind miteinander verflochten und nicht selten werden Währungsgefälle und andere internationale Parameter miteinander in Relation gesetzt. Die Mitarbeiter versuchten zunächst, den Ursachen für die falsche Entwicklung selbst auf die Spur zu kommen – und beschlossen nach drei Tagen, sich an den Chef zu wenden. Sie befürchteten, dass es gewaltig Ärger geben würde. Aber ihr Chef reagierte relativ entspannt und fragte nur: *„Warum sind Sie nicht schon früher gekommen?"*

Ein Bekannter erzählte mir davon und diese Szene kommt mir immer dann in den Sinn, wenn ich mich frage, warum wir uns so schwertun, wenn es um den Umgang mit Schwäche oder den eigenen Grenzen geht.

„Ich kann doch dem Chef nicht klarmachen, dass ich überfordert bin. Wie stehe ich denn dann da?" Diese Befürchtung habe ich schon oft in Seminaren gehört. Und sie ist auch absolut nachvollziehbar: Jeder will stark sein, jeder möchte als belastbar gelten und das auch zeigen. Außerdem ist mit einem Übermaß an Engagement auch Anerkennung garantiert.

Ich frage mich allerdings, ob das der einzige Weg ist, um die Wertschätzung des Chefs oder die Anerkennung der Kollegen zu bekommen.

Was hier ins Spiel kommt, ist eine Einschätzung des eigenen Wertes: Wie viel leiste ich, welchen Beitrag lege ich auf mein normales Pensum noch drauf, wie sehr kann ich die anderen unterstützen, um damit positiv aufzufallen? Wie bei jeder Bewertung braucht man eine Referenz, ein Bezugssystem: Es geht um die Erwartungen, die an mich gestellt werden. Liege ich drüber? Oder enttäusche ich die Erwartungen?

„Ja, wird das von Ihnen *wirklich* erwartet?" – wenn ich diese Frage Menschen stelle, die förmlich unter einer Last von Erwartungen und Anforderungen zusammenbrechen, zieht sie oft Verwunderung nach sich. – Wer hat denn gesagt, dass man immer und gleich den Kollegen helfen soll?

- Wer hat denn eingefordert, ständig telefonisch und per E-Mail erreichbar zu sein?
- Wer hat denn diktiert, dass es überhaupt keine Fehler geben darf?

Der Punkt ist: Ein Großteil dessen, was wir an Erwartungen spüren und auszufüllen versuchen, ist eine reine Vermutung von uns. Es mag vielleicht Druck bei Projekten in der Abteilung geben oder sich der Bekanntenkreis im Squashklub wirklich freuen, wenn man wieder die Organisation des Grillabends in die Hand nimmt. Aber das heißt noch lange nicht, dass es die Erwartung *tatsächlich* gibt, die ich spüre und die mein Verhalten diktiert. Ein *Nein* ist deshalb tatsächlich manchmal weniger schlimm, als man denkt – und wer sagt denn, dass ein „Warte bitte kurz" oder ein „Darf ich Sie gleich zurückrufen" automatisch unverschämt ist?

Ich glaube, dass wir uns mehr von unbegründeter Angst steuern lassen, als wir denken.

Und auch hier bringt uns ein *Nein* Klarheit: Wenn ich immer das tue, was *ich denke*, was man von mir erwartet – wie soll ich dann überhaupt herausfinden, was *wirklich* von mir erwartet wird? Vielleicht hegen Sie die Befürchtung, dass Sie jemanden mit einer Antwort wie „Nein, das geht jetzt leider nicht" enttäuschen. Aber eine solche Reaktion gibt dem anderen die Möglichkeit zu benennen, welches Anliegen er hat oder wie wichtig und dringend eine Anfrage wirklich ist. Genau darin würde eine Befreiung aller liegen: Dass sich niemand mehr darüber täuschen lassen muss, was der andere denkt, will und braucht – oder auch nicht. Erst dann können Menschen gut zusammenarbeiten.

Dabei ist es ein großer Unterschied, ob nur ein *Nein* fällt – oder ob es heißt: „Nein, jetzt leider nicht. Es ginge aber noch heute Nachmittag um halb vier." Der Unterschied liegt im freundlichen *Nein*. Also dem *Nein*, das nicht ausschließlich abweisend wirkt, sondern auch gleich eine Lösung anbietet und auch tatsächlich Interesse am anderen zeigt. Oft sind es Führungskräfte, die in den Seminaren nachfragen, wie man denn mit den ständigen Fragen und Unterbrechungen im Alltag umgeht. Ich schlage dann immer vor, dass eine Antwort auf eine Anfrage auch so aussehen könnte: „Kommen Sie doch gleich morgen früh um acht Uhr, bevor der ganze Trubel losgeht, dann schauen wir da zusammen in Ruhe drauf." Sie werden lachen: Meist braucht es das Treffen am nächsten Tag gar nicht mehr – denn der Kollege oder der Mitarbeiter hatte die Chance, sich noch einmal konzentriert mit dem Problem befassen und hat inzwischen selbst eine Lösung gefunden.

Das Wort *Konflikt* stammt aus dem Lateinischen und geht auf das Verb *confligere* zurück. Das meint zusammenstoßen oder aufeinandertreffen. Natürlich auch streiten. Aber nicht mehr und nicht weniger. Das Gegenteil wäre, jahrelang aneinander vorbeireden, aneinander vorbeiarbeiten. Das wünsche ich niemanden.

Schwäche ist keine Schwäche

Versetzen Sie sich in die Lage eines Chefs, dessen Mitarbeiter alles geben und in dessen Abteilung Überstunden nur so aufgehäuft werden. Nach und nach merkt er, wie die Euphorie und die Zufriedenheit der Mitarbeiter rapide sinkt. Den Rahmen für die Bonuszahlungen hat er auch schon ausgeschöpft und es mehren sich die plötzlichen Ausfälle. Krankenstände werden immer länger. Da vereinbart ein Mitarbeiter einen Termin mit ihm und sagt: „Damit ich gut weiterarbeiten kann, ist es entscheidend, dass ich mich auf folgende Bereiche konzentriere…" Jetzt gibt es plötzlich einen Schlüssel zu dem Problem: Denn wenn der Einzelne dafür Sorge trägt, dass er gut arbeiten kann und so seinen Beitrag für das Unternehmen sicherstellt, macht gerade das diesen Mitarbeiter so wertvoll. Weil er verlässlich ist. Das Zugeben von Schwäche ist ein Zeichen von Verantwortung: für mich – und für die Aufgaben, die mir übertragen wurden. Keinem Betrieb und keiner Projektgruppe ist damit gedient, wenn Mitarbeiter Terminversprechungen machen, die sie nicht einhalten können. Und keiner Abteilung ist damit gedient, wenn der Kollege in der nächsten Woche noch mehr Aufgaben übernimmt, aber in der Folgewoche krank ist.

Als unsere Kinder noch klein waren, bin ich selbst in die Falle getappt: ständig allen Ansprüchen und Anforderungen gerecht zu werden. Und zwar nur denen, die von außen kamen. Die beiden Großen in die Schule bringen, die Kleine in den Kindergarten und den ganz Kleinen dann am Vormittag zu Hause betreuen. Dazwischen Kochen, Einkaufen, Wäschewaschen. Und dann wieder die Kinder abholen und dann dafür sorgen, dass die Großen ihre Hausaufgaben gut machen und die Kleinen auch nicht zu kurz kommen. Kein Wunder, dass ich am Abend fertig war. Weil ich bei all den Aufgaben versäumt hatte, auf mich zu achten. Dann habe ich angefangen, einen Mittagsschlaf zu machen. 20 Minuten. Nicht länger. Doch das reichte, dass es mir besser ging. Übrigens auch den Kindern, weil sie sich mehr auf mich und meine Kräfte verlassen konnten. Ich war so konsequent mit dem Mittagsschlaf, dass meine dritte Tochter mit ihrem Faible für Dramatisierungen einmal sagte: *„Meine Mutter tötet jeden, der sie beim Mittagsschlaf stört."* Einmal haben die Kinder sogar mal Verwandte aus Frankfurt weggeschickt, die in Hamburg waren und spontan vorbeigekommen sind...

„Sollte der unwahrscheinliche Fall eines Druckverlustes in der Kabine auftreten, fallen aus den Deckenverkleidungen über Ihnen automatisch Sauerstoffmasken heraus. Bitte ziehen Sie eine dieser Masken zu sich heran, streifen Sie sie über Mund und Nase und atmen Sie normal weiter. Danach helfen Sie Ihren Nachbarn." Diese Anweisung lesen Sie in jedem Flugzeug. Nur derjenige, der für sich sorgen kann, kann auch für andere sorgen.

Dann schafft es die junge Familie selbst dafür zu sorgen, dass sie nicht an den Weihnachtstagen durch die Republik fahren muss, sondern auch mal die Großeltern nach Weihnachten für zwei Tage vorbeikommen. Dann gelingt es Manuela, am Freitag ihre Aufgabe abzuschließen und erst am Montag danach, gemeinsam mit Karsten die beste Lösung für dessen Angebot zu erarbeiten. Dann schafft es der Chef, seinen Mitarbeitern zu sagen, dass er gerade an seine Leistungsgrenze gekommen ist – und alle können nachvollziehen, dass momentan nicht jedes Wort auf die Goldwaage gelegt werden sollte.

Es ist keine Schwäche, mit der eigenen Schwäche gut umzugehen. Sondern eine Stärke.

Kapitel 12

Hochzeit mit mir selbst

„Ich konnte da nicht mehr hingehen – die eineinhalb Stunden haben mich so runtergezogen. Auch wenn es meiner süßen, kleinen Maus gefallen hat: Ich musste einen Schlussstrich ziehen."

Krabbelgruppen sind eine Welt für sich. Es ist meistens so: Die Mütter und so mancher Vater treffen sich einmal die Woche an einem Vormittag im Gruppenraum eines Pfarrzentrums oder eines Sportvereins, um mit den Kindern Sing- und Bewegungsspiele zu machen, gemeinsam mit den Kindern zu essen und sich einfach auszutauschen. Das klingt gut und schön. Für den jungen Vater war das aber ein einziger Spießrutenlauf: Die Tochter war sieben Monate auf der Welt, da hat seine Elternzeit begonnen. Die hat er sich wunderbar vorgestellt: Den ganzen Tag für das Kind da sein, in Ruhe und mit frischen Zutaten kochen und überhaupt einmal das alles tun, zu dem man sonst wegen der Hektik im Beruf nicht kommt. Ein Traum. Der sich als Albtraum entpuppte. Am schlimmsten war die Krabbelgruppe. Im Originalton musste er sich Folgendes anhören:

„Mir ist aufgefallen, dass du immer das Essen für deine Kleine selbst machst. Das ist ja gut – aber nimmst du dafür auch Biofleisch? Es ist wichtig, dass die Kinder nur die bestmögliche Nahrung bekommen. Da kann man echt viel falsch machen."

„Ah, ihr habt also den Madutu-Tragegurt – das hatten wir uns auch überlegt, aber dann doch das andere Modell genommen. Das Madutu soll ja Haltungsschäden begünstigen."

„Schau mal, du hast da auf deinem Fleecepulli an der Schulter noch Brei. Ich weiß, das passiert. Aber ich bin wirklich froh, dass ich das Füttern und den Haushalt gut im Griff habe."

Bis zum Auto konnte er seine Tränen noch zurückhalten. Dann musste er sich eingestehen: Er war völlig fertig.

Rad Nr. 5

Da reiben sich Menschen auf, geben alles im Beruf, in der Partnerschaft, in der Familie, im Ehrenamt. Und am Ende kommt dabei nur das frustrierende Gefühl heraus, nutzlos zu sein.

Dem oben beschriebenen Vater ging es genau so: Seine Frau war wieder im Beruf eingestiegen und er konzentrierte sich den ganzen Tag auf die Arbeit im Haushalt und die Erziehung des Kindes. Wäschewaschen, Windelwechseln, Kochen, zweimal am Tag mit der Kleinen einen Spaziergang machen, vorher dem Kind den warmen Schneeanzug anziehen, danach dem Kind den Schneeanzug wieder ausziehen. Freitag nachmittags zum Babyschwimmen – und am Donnerstagmorgen zur besagten Krabbelgruppe. Dazu kamen die Nächte, in denen er das weinende Kind beruhigte – damit seine Frau am nächsten Tag erholt auf die Arbeit gehen konnte. Einmal traf er beim Einkaufen einen Schulkollegen, der dann prompt fragte, wann er denn wieder arbeiten wird… Er gab alles – und erfuhr sehr wenig Wertschätzung dafür. Nicht mal in der Krabbelgruppe, wo die Kollegenmütter lieber auf Konkurrenz und Vergleich setzten, als auf Verständnis und echtes Interesse.

Sie können die Liste der Tätigkeiten des jungen Vaters ruhig gegen ihre eigene Agenda austauschen: Protokoll schreiben, die Teamsitzung absolvieren, die Präsentation gestalten, E-Mails beantworten, für den Chef das Treffen mit der anderen Abteilung vorbereiten, zwei Stunden lang Kundenanrufe entgegennehmen...

Wenn die Tätigkeiten, in die wir unsere Aufmerksamkeit, Energie und Zeit investieren, nur zu Langeweile führen oder kaum Bedeutung entfalten, dann zermürbt uns das. Der Punkt ist: Das was ich tue bleibt sinnlos. Und wenn schon das, was ich mache, keinen Sinn hat, was sagt das dann über mich selbst aus? Kein Wunder, dass Menschen ausbrennen und emotional immer weiter sinken. Sie fühlen sich wie das fünfte Rad am Wagen.

Zu Beginn der Seminare stelle ich meist folgende Frage „Wenn wir hier zaubern könnten, richtig fett, nicht nur ein bisschen – was wäre dann nach diesen fünf Tagen anders?"

Die Antworten lauten dann in der Regel:
- *„Ich will meine alte Kraft wieder haben."*
- *„Möchte wieder Energie, Schwung, Lebensfreude spüren."*
- *„Ich will Nein sagen können – und zwar ohne schlechtes Gewissen."*
- *„Ich will wieder Zeit für mich haben."*
- *„Ich will wissen, was mir wirklich guttut."*

Zusammengefasst heißt das: Ich will wieder im Mittelpunkt meines Lebens stehen.

Im letzten Kapitel habe ich Ihnen gezeigt, dass der Weg zu eigener Stärke und der des Teams, in dem ich arbeite, über die Klärung der eigenen Rolle führt. Ein *Nein*, das Grenzen zeigt, schafft Klarheit – und befreit mich und die anderen zu einem verantwortungsbewussten Umgang mit den eigenen Aufgaben. Ebenso auch zum umsichtigen Haushalten mit den eigenen Kräften.

Natürlich werden Durststrecken dadurch nicht weniger. Und einer verkorksten Woche schließt sich auch weiterhin manchmal eine zweite an. Entscheidend ist es, sich neben der *Verstehbarkeit,* also dem *Wissen, wozu* ich die Dinge tue – und der *Handhabbarkeit,* also der *Fähigkeit, sein Leben zu gestalten* – auch auf *Sinnhaftigkeit* verlassen zu können. Darauf, dass das, was ich tue und ich als Person, auch Anerkennung und Wertschätzung erfährt; dass ich Erfolgserlebnisse nicht nur abstrakt wahrnehme, sondern auch tatsächlich spüre. Kurzum: dass mein Handeln eine Bedeutung hat – für mich und für andere; dass ich meine Fähigkeiten entfalten kann und dies mich sogar noch inniger in die Gemeinschaft einbindet.

Das ist nicht leicht und fällt auch nicht einfach mal so vom Himmel. Und manchmal ist sogar erst eine Auseinandersetzung der Grund dafür, dass jemand Sinn und Zweck seiner Rolle erkennt.

Heute ein König

„Hören Sie, wegen Ihrer Nachlässigkeit mussten wir mitten in der Bauch-OP den Patienten mit sieben Leuten anheben und auf den richtigen OP-Tisch umbetten. Nur so konnten wir die spezielle Lagerung der Beine machen, die wir für die nächsten Schritte der Operation brauchen. Sie hatten den Patienten auf einen A-Tisch gelegt. Aber nur mit einem B-Tisch geht die notwendige Lagerung. Es ist alles gut ausgegangen. Aber Mensch,

Ihr Fehler hat uns am Freitag echt zur Weißglut getrieben! Das wollte ich Ihnen sagen."

Tobias war Zivildienstleistender in der Anästhesie-Abteilung eines großen Krankenhauses. Seine Aufgaben lauteten: Die Schränke mit den Infusionen auffüllen, diverse Gerätschaften reinigen und sterilisieren sowie die Patienten in den OP-Trakt schleusen und auf den richtigen Tisch legen. Einfache Tätigkeiten. Er war eben der Zivi, bei dem man sich beschwerte, wenn der von ihm gekochte Kaffee zu stark oder zu schwach war. Einer, der auch noch die Frühstücksbrötchen für die Abteilung besorgte. Manchmal ärgerte er sich, dass für ihn nicht einmal eigene Spezialschuhe vorhanden waren, sondern er nur die übrig gebliebenen anziehen konnte. Besonders viel Freude kam jedenfalls bei ihm nicht auf.

Aber diese Standpauke änderte die Zeit seines Zivildienstes fundamental. Es war zwar alles andere als ein Lob, was der Professor und Chefchirurg ihm persönlich am Montag früh um 7.30 Uhr in gehobener Lautstärke mitteilte. Aber allen, von den Oberärzten bis hin zu den Reinigungskräften, wurde an diesem Morgen bewusst: Es kommt auf jeden Einzelnen an. Selbst die Arbeit des Zivis ist unverzichtbar. Und für Tobias wurde klar: Wenn er darauf achtet, den richtigen Tisch zu wählen, wenn er konzentriert die Nachschubschränke füllt, damit sich kein Fehler einschleicht, leistet er seinen Beitrag dazu, dass jeder Patient die bestmögliche Behandlung und Operation bekommt; und dass jeder andere im OP-Bereich die bestmögliche Arbeit liefern kann. Letztlich gehörte sogar das Brötchenholen für die Kollegen in der Kantine dazu. Und im Rückblick kann er sagen: *„Von diesem Tag an war die Zivizeit das Schönste, was mir nach dem Abi passieren konnte."*

Im Grunde genommen ist die Arbeit zu Hause oder im Betrieb nichts weiter als Routine: Da gibt es eingefahrene Abläufe, feste Schritte, nach denen Aufgaben erledigt werden. Der Partner zu Hause ist in der Regel immer derselbe, die Nachbarn auch – und die Kollegen erst recht. Und im Stress übersehe ich meine eigenen Fähigkeiten und die meiner Kollegen oder auch die kleinen Aufmerksamkeiten des Partners im Alltag leicht.

Jeder denkt: Man kennt sich und das, was man leistet, schon irgendwie.

Ist das wirklich so?

Welchen Beitrag leiste ich eigentlich? Womit mache ich mich unverzichtbar? Was schätzen die Kollegen an mir besonders – und welche Qualitäten zeige ich in meiner Familie? Es ist gar nicht so leicht, auf diese Fragen eine Antwort zu finden. Denn wenn die Dame am Empfang im Frankfurter Bankenhochhaus formuliert, dass Sie eben die Dame am Empfang eines Frankfurter Bankenhochhauses ist, dann ist damit der Wert ihrer Tätigkeit noch nicht beschrieben. *„Ich sorge dafür, dass Menschen, die sich hier nicht auskennen, den richtigen Weg finden und pünktlich zu Terminen erscheinen können.“* Das trifft es eher.

Fragt man einen Manager: *„Was machen Sie eigentlich?“* und er antwortet: *„Na ja, ich manage den Laden eben“*, bringt die Antwort uns nicht sehr weit. Denn an reinen Positionsbeschreibungen macht sich noch kein Wert fest. Sonst könnte ja jeder auf seiner Visitenkarte, auf seinem Eintrag in der Telefonliste oder am Türschild nachlesen, was ihn für das Unternehmen unverzichtbar macht. Aber das wäre zu flach gegriffen. Ich bin mir sicher: Jeder Einzelne leistet einen unverzichtbaren Beitrag. Aber das Was und Wie ist für jeden anders.

Eben diesen Wert gilt es herauszufinden – denn dadurch kommt der Einzelne an das Wissen, worin er seinen Sinn erfahren kann. In meinen Seminaren machen wir manchmal eine Übung, bei der die Teilnehmer sich gegenseitig einen Orden verleihen dürfen. Sie treten vor die Gruppe und überreichen einander eine Auszeichnung. Vorher tauschen sich die Einzelnen in Ruhe aus und spiegeln sich gegenseitig ihre Wahrnehmung.

- *„Ich verleihe Ihnen einen Orden, weil Sie unerbittlich dafür sorgen, dass Entscheidungen nicht nur getroffen – sondern auch umgesetzt werden.“*
- *„Sie erhalten einen Orden dafür, dass Sie auch bei einem schwierigen Kundengespräch die Ruhe bewahren und den Druck nicht an die Abteilung weitergeben.“*
- *„Für Ihre quirlige und unkomplizierte Art bei Terminfindungen erhalten Sie den Ehrenorden.“*

So etwas zu hören, tut richtig gut.

Das Spannende ist: Es wurde noch nie ein Orden verliehen, weil jemand Abteilungsleiter ist oder ein Büro mit drei Fenstern hat. Nein, es sind immer besondere Eigenschaften und Fähigkeiten, die ausgezeichnet werden. Die müssen gar nicht groß und staatstragend sein – sondern zeigen sich oft im Kleinen, in den Details.

Fragen Sie sich ruhig einmal, wofür Sie sich selbst einen Orden verleihen würden. Welchen Wert habe ich für den Chef? Was bedeute ich und mein Beitrag zum Ganzen für meine Kollegen? Was zeichnet mich als Mutter aus? Worin bin ich besonders stark als Vater?

Was sich dadurch herauskristallisiert, sind unsere wirklichen Stärken. Und zwar nicht abstrakt und kaum nachvollziehbar, wie etwa „durchsetzungsstark“ oder „zuverlässig“, sondern konkret greifbar und spürbar.

Lieben, achten, ehren

Die Übung mit den Orden macht den Teilnehmenden sehr viel Spaß – Orden bekommt man nicht jeden Tag. Was aber überraschend ist: Noch mehr Freude bereitet es den Teilnehmern, selbst derjenige zu sein, der den Orden verteilt. Es macht Spaß, dem anderen eine Freude zu machen.

„Wir leiden total darunter, dass der Chef uns nur anmosert. Anerkennung und auch mal ein lobendes Wort? Fehlanzeige!" Solche Klagen habe ich schon oft gehört – und sie haben ihre Berechtigung. Es ist nicht schön, wenn jemand nur dann ein Feedback bekommt, wenn er Fehler macht. Oder die Aufmerksamkeit des Vorgesetzten nur dann vorhanden ist, wenn er hören will, ob es irgendwelche Verbesserungsvorschläge gibt. „Nicht geschimpft ist genug gelobt", heißt es in Schwaben oder anderswo. Aber die Tatsache, dass der Chef so handelt oder die Kollegen in dieser Weise reagieren, ist noch lange keine Rechtfertigung dafür, dass es so etwas wie Lob und gegenseitige Anerkennung gar nicht gibt.

Man kann darunter leiden, dass es keine Anerkennung gibt. Oder es ändern.

„Schön, dass du da bist!" – *„Wenn du im Team mitmachst, sprudeln die Ideen nur so!"* Jeder Einzelne kann zum Handelnden werden. Jeder kann dafür sorgen, dass sein Kollege Anerkennung bekommt, der Chef nicht als Choleriker auftritt und auch mal wahrnimmt, wer sich für die übernommenen Aufgaben einsetzt.

Wenn ich in Seminaren die Teilnehmenden bitte, einen imaginierten Orden zu verleihen und frage: „Wem würden Sie gerne mal einen Orden verleihen und wofür?" – dann kommen meist ganz kleine, aber sehr charmante Gefälligkeiten zur Sprache. Da kommt der Partner in den Blick, dem man für die erste Tasse Kaffee am Bett danken möchte. Oder der Kollegin für den besten Zitronenkuchen der Stadt. Dann frage ich: „Und wofür würden Sie selbst gerne einen Orden kriegen?" – und staune, wie viel konkrete Hilfeleistungen und Unterstützung es in Partnerschaften, in Familien oder Nachbarschaften gibt.

Wenn ich mich traue, dem anderen seinen Wert zu zeigen, ist der Anfang gemacht, dass auch ich meinen Wert erfahre.

Für das, was dabei entsteht, gibt es ein einfaches Wort: *Beziehung.*

Ich will ja nicht von Ihnen verlangen, dass Sie Ihren Kollegen heiraten oder gar den Chef oder die Firma. Dennoch ist das Trauversprechen, dass man dem Menschen gibt, mit dem man sein Leben verbringen möchte, ein starkes Bekenntnis: Ich will dich lieben, achten und ehren. Das ist ein Bekenntnis für den anderen *und* für sich – denn man will ja gemeinsam glücklich werden. Und ich glaube, dass dieser Dreiklang etwas ist, mit dem man gut mit dem anderen durchs Leben kommt – und mit sich selbst: der Dreiklang aus Liebe, Achtung voreinander und Ehre. Ich kann mir sicher sein: Wenn es mir mal schlecht geht, ist jemand für mich da.

„Ist gut!"

„Wenn es mir mal schlecht geht" – das ist praktisch das Stichwort, das mich an eine Situation erinnert, in die ich einmal bei einer Zugfahrt geraten bin. Genau genommen in einem Schweizer Zug. Ich hatte am Züricher Hauptbahnhof extra noch mal Geld umgetauscht und eine Fahrkarte zum

Flughafen Zürich-Kloten gelöst. In der Bahn staune ich gerade über die noble Ausstattung der Polstersitze, da kommt ein Kontrolleur rein und stellt fest, dass ich in einem Erste-Klasse-Abteil sitze, obwohl ich nur zweite Klasse bezahlt habe. Ich entschuldige mich für den Irrtum, nehme meinen Koffer und will das Abteil wechseln, da sagt er: „Nein, nein, sooo einfach geht das nicht. In der Schweiz herrscht Ordnung, oder!" Er ruft zwei Kollegen herbei, ich muss mit ihnen an der nächsten Haltestelle aussteigen. Vor allen Wartenden werde ich auf dem Bahnsteig befragt und registriert wie eine Verbrecherin. Personalausweis zeigen, Schuldeingeständnis unterschreiben, 160 Schweizer Franken zahlen. Knapp 150 Euro Strafe für einen fehlenden kleinen Zusatzbetrag auf eine korrekt gelöste Zweite-Klasse-Fahrkarte, bei einer Fahrtstrecke von nicht einmal 20 Kilometern! Als ich dem Beamten die Zahlung mit seinem Stift quittiere, sagt der: „Den Kuli können Sie behalten, Sie müssen gleich noch mehr unterschreiben." „Damit Sie mich gleich noch wegen Diebstahls anzeigen? O nein!", sage ich und gebe ihm den Kugelschreiber zurück.

Zu Beginn des Buches habe ich Ihnen versprochen, dass ich Ihnen nicht das Blaue vom Himmel hole und schon gar nicht das Azurblau von Wellnessoasen vorgaukle. Deshalb sage ich auch bewusst: Rückschläge gibt es. Und sie wird es immer geben. Die Sache im Schweizer Zug bekomme ich nicht mit Verstehbarkeit, Handhabbarkeit oder gar der „Sinnfrage" in den Griff.

Und doch muss ich dabei nicht tatenlos bleiben. Eine Tat ist es schon, wenn ich mir sage: *„Das war jetzt aber eine lustige Geschichte; die muss ich unbedingt weitererzählen."* Oder wenn ich nachts aufwache und die Sorgen mich auf Trab halten, dann kann ich mich entweder den trüben Gedanken hingeben – oder mir sagen: *„Unverhofft kommt oft. Wer weiß, was* *noch alles Spannendes geschieht.*" Ich gebe den Dingen, die mich beschäftigen und mit mir zu tun haben, die angemessene Bedeutung.

Eine Hausfrau und Mutter hat in der halben Stunden zwischen Mittagessen und Kinder zur Nachhilfestunde fahren tatsächlich die klemmende Fensterjalousie repariert. Hat den Kasten über dem Fenstersturz geöffnet, ihren Ekel vor einem verlassenen Wespennest und zwei Spinnen überwunden, hat die verkanteten Elemente gelöst, alles wieder zugehämmert, die Bruchstelle der Raufasertapete mit weißer Farbe überstrichen und die ewig quietschende Jalousienkurbel geölt. Auf der Fensterbank liegt eine seit drei Wochen fällige Rechnung von der Kfz-Inspektion. Wieder nicht bezahlt. Die sieht ihr abends nach Hause kommender Mann sofort und ist verärgert. Den reparierten Rollkasten sieht er nicht.

Beleidigt darauf zu warten, bis er es „von selbst entdeckt", finde ich eitel.

Seine Geschicklichkeit und beherzte Selbstüberwindungen am Arbeitsplatz hat sie ja auch nicht „entdeckt", konnte sie gar nicht bemerken. Nein, manchmal ist es schlicht notwendig zu erwähnen, worauf wir stolz sind. Schön, wenn es gelingt, das nicht eitel, sondern humorvoll zu machen, wie ein Spiel.

Mein Mann hat eine Zeit lang nie gesehen, dass ich beim Friseur war. Ein Klassiker. Ich konnte mit einem neuen Schnitt oder einer neuen Haarfarbe nach Hause kommen: Nix. Keine Reaktion. Auf einer Zufriedenheitsskala von 100 Punkten entspräche ein Satz wie *„Wow, du warst beim Friseur. Sieht toll aus!"* der vollen Punktzahl. Keine Reaktion: Das sind 0 Punkte. Und auf diesem Zufriedenheitslevel war ich von mal zu mal. Bis ich die Dinge in die Hand nahm und ihn auf der Arbeit angerufen habe: *„Ich war beim Friseur. Und ich will,* *dass du es siehst.*" Und tatsächlich: Er sah es dann am Abend. Und freute sich mit mir. Okay, das sind nicht 100 Punkte. Aber auf jeden Fall 50.

Egal wie schlimm es kommt und wie stressig so mancher Tag im Job, in der Familienarbeit oder einfach zu Hause war: Wir sind immer Handelnde, sind immer frei, das zu denken und zu fühlen, was uns guttut.

Dort oben leuchten die Sterne ...

Wir haben mit diesem Buch einige gemeinsame Zeit verbracht. Ich habe Sie an Orte geführt, an denen wir mit Wellnessentspannungsversprechen verführt, mit dem Stress aber alleine gelassen werden. Wir haben erkannt, wie leicht die Falle der Work-Life-Balance zuschlagen kann und uns mit ihrer fiesen Logik auch in unserer Freizeit zu Höchstleistern macht. Die Frage nach der ständigen Erreichbarkeit war eine heiße Spur, hat jedoch letztlich gezeigt, dass wir gar nicht ständig erreichbar sein müssten – wir wollen es aber. Stress und die Schwierigkeit, aus belastenden Zusammenhängen auszusteigen, haben mehr mit uns und unserer Beziehung zu uns selbst zu tun, als wir bislang dachten – sonst würden gefüllte Obstkörbe in Besprechungszimmern, gut meinende Kollegen, die Wahl- und Bestimmungsfreiheit, die uns suggeriert wird, sofort und unmittelbar wirken können. Der Stress wäre im Nu weg.

Das wäre das Schlimmste, was uns passieren könnte.

Stressabbau wird oft als Anleitung zum „Runterkommen" gelehrt. Mach weniger, lass fünf grade sein, werde unempfindlicher gegenüber Außenreizen und Anforderungen und schau, dass du nicht zu viel arbeitest. Wie oft habe ich das gehört. Ich finde, das Gegenteil ist richtig: Werde aufmerksamer für deine Wünsche und Visionen, achte auf das, was schon Realität ist und auf die Ziele, zu denen hin du wachsen willst. Mach nicht einfach weniger, sondern mach mehr! Lebe mehr von dir selbst.

Ich bekomme immer wieder Gänsehaut, wenn ich die Worte höre, die Nelson Mandela 1994 in seiner Antrittsrede als Präsident von Südafrika gesprochen hat:

> *„Indem wir unser eigenes Licht scheinen lassen,*
> *geben wir anderen Menschen unbewusst die Erlaubnis,*
> *das Gleiche zu tun.*
> *Wenn wir von unserer eigenen Angst befreit sind,*
> *befreit unser Dasein automatisch die anderen."*

Trauen Sie sich – und vertrauen Sie dem, was da an Wünschen, an Sehnsüchten, an Fähigkeiten, Glücksrezeptoren und großen Gefühlen in Ihnen angelegt ist.

Wenn wir unser Augenmerk vor allem auf Entspannung setzen, entfernen wir uns mehr und mehr von uns. Von den Dingen, in denen wir erfahren, wer wir sind und was uns glücklich macht.

Meine Stärke, *Ihre* Stärke, *unsere* Stärke. Jeder ist anders. Und jeder kann aufbrechen und die Schritte gehen, die ihn zu sich selbst und zu den anderen führen.

Verstecken Sie nicht das, was Ihnen geschenkt wurde. Lassen Sie Ihr Licht scheinen.

Epilog

„Komm, die Szene drehen wir noch mal"

Schon in dem Moment, in dem mir der Satz über die Lippen ging, musste ich selbst über mich schmunzeln. Und mein Mann auch. „Komm, die Szene drehen wir noch mal!"

Nach diesem anstrengenden Tag sehnte ich mich nur noch nach Entspannung. Und Ruhe. Der Ärger der vergangenen Stunden reichte für eine ganze Woche – oder wahlweise für ein Büschel grauer Haare: Gleich früh die Vollsperrung der Autobahn, auf die ich angewiesen war, um rechtzeitig zum vereinbarten Treffen zu kommen. Warum genau diese Strecke und warum wieder ich mittendrin?

Schnell auf die eingerichtete Umleitung; ein einziger Flop! Nur im Zentimeter-für-Zentimeter-Tempo geht es vorwärts. Auf halbem Weg erfahre ich dann, dass der Termin platzt, zu dem ich aufgebrochen bin – weil mein Gesprächspartner seinen Zug nicht erreicht hat. Gut, dann eben bei der nächsten Möglichkeit wenden.

Das Croissant und der Kaffee, den ich mir an einer Tankstelle gönne, lindert ein wenig meinen Frust. Aber ändern kann auch das nichts: Der Vormittag ist im Eimer. Der Nachmittag vergeht ebenfalls mit Warten – diesmal in der Hotline des Internetanbieters – weil meine Internetverbindung mal wieder ausgefallen ist. Mails checken, Recherchearbeiten, drängende Projekte abschließen? Das kann ich alles knicken.

Nachdem heute scheinbar alles keinen Sinn macht, fahre ich nach Hause. Es reicht mir in jeder Hinsicht. Geladen und frustriert öffne ich die Haustür – und werde gleich im Flur von einem einzigen Schuhchaos unserer Kinder empfangen. In der Küche stapeln sich schmutzige Töpfe. Das kommt mir gerade recht, um meinen Mann anzufahren, dass er auch mal mehr im Haushalt machen könnte. Ich bin kurz vor dem Explodieren.

Da denke ich mir: Stopp! Und gehe wieder vor die Tür.

„Komm, die Szene drehen wir noch mal!" Ohne Frust, ohne Ärger – mit dem Blick dafür, dass die Küche zwar schlimm aussieht, dafür aber das Essen auf dem Tisch umso besser duftet, komme ich wieder ins Haus.

Der Tag geht gut aus. Dank des schönen Abends. Trotz Chaos.

Wenn Sie nach dem Urlaub ins Büro kommen und beim Anblick der Aktenberge am liebsten gleich Dampf an die Kollegen ablassen möchten …

Wenn an der Tankstelle ausgerechnet beim Kunden vor Ihnen das EC-Karten-Lesegerät den Geist aufgibt und Sie sich in der Schlange nebenan neu anstellen müssen …

Wenn im Zug die Reservierungsanzeigen komplett ausgefallen sind und Passagiere und Schaffner gleichermaßen hilflos durch die Gänge strömen …

Wenn die Tochter schon wieder das Mathematikbuch in der Schule vergessen hat …

Wenn die Nachbarin spitzfindig sagt, dass man den Gehweg mal wieder kehren könnte …

„Komm, die Szene drehen wir noch mal!"

Alles können wir ändern. Sogar unseren Frust und unseren Ärger.

Es ist nie zu spät. Nehmen Sie Ihr Leben in die Hand. Mit allem, was dazugehört. Den Stress und das Glück.

Danksagung

Dieses Buch wäre nicht entstanden ohne die Hilfe vieler kluger Menschen. Ich bedanke mich besonders bei Stefan Weigand und Stefan Wiesner für die Unterstützung bei der Manuskripterstellung.

Sehr viel gelernt habe ich von den vielen einzigartigen Menschen in unseren betrieblichen und individuellen Seminaren. Ein tiefer Dank für das entgegengebrachte Vertrauen.

Sylvia Schmidt ist mein „Houston". Ohne ihre verlässliche Basis in fast allen Lebenslagen wäre dieses Buch nicht zustande gekommen. Danke für Ihre Treue, liebe Frau Schmidt.

Frank Petermann verdient besondere Aufmerksamkeit. Als mein langjähriger Berater und Organisationsentwickler stand mir sein untrüglicher Scharfsinn für psychologische und organisatorische Stimmigkeit nicht nur bei der Entstehung dieses Buches jederzeit zur Verfügung. Er ist nicht immer meiner Meinung aber immer auf meiner Seite. Danke!

Über die Autorin

Helen Heinemann

Jahrgang 1955. Die Pädagogin mit einer psychotherapeutischen Ausbildung arbeitet seit mehr als 20 Jahren in der Gesundheitsförderung und gründete 2005 das „Institut für Burnout-Prävention" in Hamburg. Sie ist eine inzwischen vielfach gefragte Expertin zum Thema Stress, Erschöpfung und Burnout. Ihr Buch „Warum Burnout nicht vom Job kommt" wurde zum Bestseller und liegt inzwischen in der 6. Auflage vor.

www.helen-heinemann.de

Die wahren Ursachen
für die Volkskrankheit Nr. 1.

Gebunden • Mit Schutzumschlag
240 Seiten • € 17,99
ISBN 978-3-942208-56-7

 Auch als eBook erhältlich

Burnout kommt nicht vom Job.

Das hat die Therapeutin Helen Heinemann nach der Behandlung von über 1.000 Patienten festgestellt. Die Ursache liegt vielmehr in einer gewaltigen Verunsicherung: Ob Haushalt, Kinder, Job oder Finanzen – inzwischen sind beide Geschlechter für alles zuständig. Grenzen verwischen. Es gibt kaum noch Halt im Leben. Doch es geht auch anders. Ein aufschlussreiches Buch über die wahren Ursachen der Volkskrankheit Nr. 1.

Leseprobe unter www.adeo-verlag.de

Verlagsgruppe Random House FSC® N001967
Das für dieses Buch verwendete FSC®-Papier *Munken Premium Cream*
liefert Arctic Paper Munkedals AB, Schweden.

© 2015 by adeo Verlag
in der Gerth Medien GmbH, Asslar
Verlagsgruppe Random House GmbH, München

1. Auflage Mai 2015
Bestell-Nr. 835042
ISBN 978-3-86334-042-1

Umschlaggestaltung: Gute Botschafter GmbH, Halten am See
Satz: Uhl + Massopoust GmbH, Aalen
Druck: GGP Media GmbH, Pößneck
Printed in Germany